# 伊勢参宮日記を読む

北部九州編

甲斐素純著

海鳥社

内宮正殿（神宮司庁提供）

外宮正面　板垣外（神宮司庁提供）

▲再現料理：御師邸で参宮者（道者）へ提供された（財団法人伊勢神宮崇敬会提供）

◀高倉山古墳（伊勢市史跡）：奥壁より羨道を見る。円墳［径30メートル］，標高116メートルの高倉山の山頂に築造（伊勢市教育委員会提供）

▲神宮文庫表門（黒門）：木造切妻造，本瓦葺。安永９年（1780）建立。かつて八日市場町に屋敷地を構えた外宮の御師福島御塩焼大夫邸の表門を，昭和10年移築（伊勢市指定有形文化財）

▲**伊勢参宮絵馬**：五猛神社《いたけるじんじゃ》（福岡市西区金武）に安政３年（1856）に奉納された伊勢参宮絵馬［縦：88.5センチ × 横：143.5センチ］

▲**伊勢神社（佐賀市伊勢町）**：藩主鍋島氏の特別な信仰があり，藩内をはじめ近郷の伊勢信仰の拠点であった

**御師橋村肥前大夫祓銘版木（伊勢神社所蔵）**▶
［縦：26.2センチ × 横：6.3センチ］

紙本着色伊勢両宮曼荼羅図（神宮微古館所蔵）：縦32. 3センチ × 横12. 72センチ，軸装，三重県指定有形文化財

# 出版を祝して

第六十二回神宮式年遷宮は、平成二十五年十月二日皇大神宮で、そして十月五日には豊受大神宮において、秋篠宮文仁親王殿下のご参列を仰ぎ、全国各地より約三千人の関係者らが奉拝する浄闇の中、遷御の儀が勅使御参向のもとに厳粛裡に御斎行相成りましたことに、衷心よりお喜び申し上げます。

式年遷宮は、皇家第一の重事、神宮無双の大営と称され、持統天皇四年（六九〇）に第一回が内宮で行われて以来、千三百年に亙って続けられている。その大河波打つ「お伊勢まいり」の歴史の中を、私ども先祖が如何に信仰の火を守り続けたのか、その魂の記録を綴られたのが本書である。

著者は、大分県玖珠郡に鎮座する創建千三百年の歴史ある古社、宝八幡宮の第三十六代宮司の甲斐素純学兄である。本書は江戸時代の九州北部からの参宮者の日記を通して、当時の人々の、中でも庶民の様子・信仰が述べられている。これは地域の歴史を研究し、日記や古文書そして書籍を熟慮することができ、郷土に密着した先祖代々の神職という立場であることで、為し遂げられた偉業といえる。

内容をあげると、まず「伊勢参宮と御師」で、神宮と檀家の間にあった、御師の活躍を説いている。因みに「伊勢海老」を全国的銘柄にしたのは、この御師の流布によるところが大きい。次ぎに「豊後の伊勢参宮」には、「豊後三賢」の一人である三浦梅園の「東遊草」を通して、当時の文化人の参宮を紹介する。中には、伊勢の御師宅での馳走の品々が細かく記されていて、その「御師料理」を再現している。伊勢では山海の珍味を豪華な食器に載せて出し、絹の布団に寝かせるなどの「おもてなし」だったという。次ぎに「筑後の伊勢参宮」では、八女福島、そして朝倉郡須川よりの参宮の様子が紹介されている。次ぎに「日向の伊勢参宮」ここでは、旅の目的は「西国三十三観音霊場」巡礼だが、合わせて伊勢神宮へ参拝した旅日記、及び田原村庄屋の参宮をあげている。さらに「肥前の伊勢参宮」では、新庄村の林氏らの五十一日間の道中日記を紹介している。そして、陶器の里の商人の伊勢参宮の道中日記も記されている。

江戸時代になると、旅の手段が馬から船に代わり、船の中での記述が目立つのも興味深い。そして、終章で「江戸の旅」と題して、安心して旅ができるように、その心得を記した八隅蘆菴の『旅行用心集』六十一カ条を紹介し、その他旅に関することなど記している。

この時代の旅行は、伊勢講をはじめ講を結成して、旅の資金を全員で出し合い、「くじ引き」で旅に出る代表者が決まる。したがって、帰郷した後の会計報告や参宮した証となる現地の土産、それに土産話をしなくてはならなかった。それが、「旅日記」や「道中控え」のかたちで残る。その資料が筆者の研究対象となり、まるで江戸の旅を映像で見るような、会心の労作ができたと考える。

著者は、神社奉仕の傍ら九重町の文化財調査委員、町誌編纂専門員、玖珠町史編纂専門員などを通じて地域史の研究に携わる。その間、共編著として多くの『文化財調査報告』、『九重町誌』、『玖珠町史』、『九州の峠』、『九州の自然と歴史』、『大分県の不思議事典』、『大分県の謎解き散歩』など、多数の著述を発表されている。また、還暦を機会に『宝八幡宮と宮司甲斐家、一三〇〇年の神社誌』を発刊し、神道文化会の平成二十四年度表彰で、「神道文化功労者」の栄誉に輝くなど、好学の士である。

平成二十六年九月十五日

神社本庁　理事
福岡県神社庁　庁長　西高辻信良
太宰府天満宮　宮司

## 「見ぬ世の旅人」を追う

平成二十五年十月、伊勢の神宮では内宮・外宮において遷御の儀が斎行された。この「遷宮年」にあたる神宮の参拝者数は一千四百万人余。過去最多を更新したとのニュースが駆けめぐるなかで、ふと幕末維新期の伊勢の町の様子、すなわち内宮鎮座の宇治、外宮鎮座の山田への参宮者について述べられたいくつかの記録を思い出した。それによれば、明治五年に増加するまでの十年間ほどは、文化三年（一八六三）の春の時期を除き、参宮者が極めて少なく、来春は期待できるだろうかとか、家政の工夫をどのようにするかなど、御師はもとより町の人々にも不安な日々が続いていたという。明治二年の式年遷宮の年も然りであった。

明治四年に神宮制度の大改正が敢行され、それまで神宮と在地の人々の間にあって伊勢信仰の媒介役を務めてきた御師の制度が廃止された。それ以前、伊勢参宮はどのように行われていたかという点については、一般的に、各地に結成された伊勢講の仲間が、講金を積み立て、道中の名所、社寺仏閣を廻りつつ、伊勢を訪れ、師檀関係を結んでいた御師の邸に止宿。ご馳走を頂戴し、無事に参宮を済ませたのち遊覧の旅を続け、土産を手に故郷へ帰るというような筋書きが考えられている。こうした参宮の姿は一つのオーソドックスな枠組みといえよう。それでは、実際の旅の姿はどのようなものであったのかは、「人それぞれの伊勢参り」ではないが、多様であったと想定するのが実態にかなっていよう。その一端を垣間見る資料が、道中記とか参宮日記と称される記録類である。

近世、伊勢への旅が容易になり、経済的にも余裕があるなかで、参宮という「旅」が盛んに行われた。人々はそれぞれに記録を残し、その数は夥しいものになると思われる。そうした資料が、自治体史や地方史研究の雑誌などに紹介され、地域ごとの庶民の伊勢参りの様相が明らかになるとともに、文人・知識層の参宮についても一層知られるようになってきた。

しかしながら、いざ参宮日記を紐とこうとすると、手ごわさも付きまとう。まず、遠方から伊勢参りを果たす人々の旅程は長く、現在の何処を通ったのか、また同行での旅となれば金銭トラブルが起きないように克明に記される出納箇所の、今の金額に換算すると如何ほどになるのかなど、ついつい解説がほしくなるものである。さらに、なぜ伊勢参りの道中でそのような所へ立ち寄ったのだろうか、史跡名勝の来歴、あるいは購入した土産品の由来など、説明がほどこされておれば、手頃な便りとなり、「見ぬ世の旅人」の追体験ともなろう。

こうした注文に応えようとされたのが、甲斐素純氏による本書である。自身の地元、豊後はもとより、筑後・肥前・日向を含め、「北部九州」の人たちが、近世どのような伊勢参りをしたのかを、内容的に特色をもつ参宮日記を取り上げ、先行研究・資料に依拠・活用を図り、自身の調査研究を取り入れながらまとめられたアイデアと労苦に敬意を表したい。

甲斐氏は、学生時代を伊勢の皇學館大学で過ごされた。私の三年後進にあたるが、その時に、

第六十回式年遷宮（昭和四十八年度）に廻り合われている。二十年に一度斎行される「無双の大営」に縁《えにし》を得られた若き甲斐氏は、卒業後地元九重町に戻り、先祖伝来のお社をお守りする一方で、文化財行政・地域史研究に邁進、その本領を発揮され、成果を新聞紙上に連載し、研究誌へ寄稿するなど、健筆ぶりを発揮してこられた。その後、甲斐氏の姿に親しく接する機会を得たのは、ご子息を伊勢にて学ばせるとのことで、故父・櫻井勝之進を訪ねられた時かと思う。かつて熊本・隈府の菊池神社に奉仕し、のち伊勢神宮に勤めるようになった父にとり、甲斐氏はなつかしさを漂わせる九州ゆかりの人物であった。

この度、甲斐氏から思いがけず序文の依頼をうけ、身に余る光栄であるが、伊勢信仰がなお根強く伝えられている地域の歴史や、一方で多数の人々が訪れる神宮の今を理解する手掛かりとして、本書がその役割の一端を担ことを期待し推薦の辞としたい。

平成二十六年九月九日

皇學館大学特別教授
博士（宗教学）　櫻井　治男

伊勢参宮日記を読む

北部九州編

◉目次

# 第一章　伊勢参宮と御師

関の追分（『伊勢参宮名所図会』）
東海道と参宮道の分岐点。鳥居の所から伊勢街道へと入る

## 一　御師と参宮

参宮研究の定本である大西源一氏著、『参宮の今昔』によると、

　神宮では古來、私幣禁断と云うことが八釜しく云われて居り、兩大神宮の大御前に直接幣物を奉り給うのは上御一人に限られ、三后皇太子の尊貴を以てするも、御奉幣の際には豫め勅裁を經られなければならぬことになっていた。然るに熊野三山の如きは、何人と雖も幣物を奉ることを禁ぜられず、他の神社に於ても、それと同様であった。かくして神宮に於ては、私幣は禁ぜられていたけれども、一般庶民の参拝は、決して禁ぜられていなかった。（中略）

　かくして平安時代には、既に相当の参拝者があったことは、『大神宮諸雑事記』の朱雀天皇承平四年神嘗祭の條に

　　忽雷電鳴騒天大雨如沃、参宮人十萬、不論貴賤、恐畏迷心神

とあるによって知られる。（一頁）

とあり、平安時代には神宮にすでに相当の参拝者があったことがわかる。

　そして、鎌倉・室町と時代が下ると共に、さらに増加していった。しかし戦国時代の参宮者

は、道中に無数ある関の関銭を支払うだけでも巨額の旅費を要したため、その調達のためにも伊勢講を結成し代参した（つまり、一般庶民や個人では、なかなか参宮できなかった）。

戦国の長い戦乱も織田信長や豊臣秀吉が出るに及んで、諸街道に設けられた関所も撤廃され、参拝者は大いに便益を得た。さらに近世に入ると天下泰平となり、道中の不安は取除かれ、街道も整備され、主要街道では宿屋や道中の茶屋も整えられていった。それにしたがい、参宮者も激増したのである。

それら参宮者の祈祷や宿泊・参宮案内をした人々を「御師《おんし》」という前著によると、

御師とは、其名称御禱師が約まったもので、また詔刀師とも云った。即ち神と人との中間に立って、神前に祝詞を奏上し、祈禱主の願望を神にお取り次ぎ申上げることを職務とするものである。

（一一五頁）

とある。また、

後世の文書には、御師のことを御宿職などとも書いているのである。要するに職業の方面から御師を見ると、それは祈祷業と旅館業との、兼営であったと云えるであろう。

（一一六頁）

という。

御師のことを一般的には○○大夫というのは、神宮の権禰宜は多く五位の位階を有する。その五位の唐名が大夫で、大夫号を称したのはその故である。

## 二　御師と壇家

御師の家では、祈祷を託された奉賽者のことを壇家又は旦那といった。しかし、これは仏教的用語であり、それを忌んで「道者」と呼ぶようになった。

御師の本来の職務は、何といっても「御祈禱師」である。ゆえに壇家が参拝にきたならば、かねてより師壇関係を有する御師の家に宿泊して、お神楽を奉納した（関東方面では神楽を奉納したが、九州では神楽奉納の習慣がなかったので、神楽殿も御師邸に備えがなかった）。また手代・家人の案内にて、両宮以下関係する名所・旧跡を参拝・見物した。

一方御師の方では、毎年年末に手代を派遣して、祈禱の大麻をはじめお土産品を壇家に配賦した。これに対し壇家の方では、身分・財産相応のお初穂を奉納したのである。

御師の手代はまた代官とも称し、それが毎年全国の壇所を経回しお祓さんを届け、お初穂を受け取った。

安永六年（一七七七）の「山田御師職壇家帳」によると、外宮の御師四九九軒の総壇家数は、四三八万九五四九戸で、内宮御師の壇家数とを合わせると、当時の全国戸数の約九〇パーセントが、伊勢御師の壇家であったとされている。

## 三　御師の縄張と株

前著によると、次のようにある。

御師と檀家との関係は、大たい地理的に區分されていた。たとえば三日市太夫は、東北地方に多くの壇家を有ち、また龍太夫は、關東方面、橋村太夫は九州方面に壇家が多かった。しかしながら、師壇關係の單位は家であった。

（一三四頁）

御師の姿（神楽［部分］『伊勢参宮名所図会』）

近世には、御師と御師との間には、厳然たる縄張りができた。壇家は、御師にとって確実なる財産でもあった。このゆえに、御師の縄張りは最も重視され、互いに相戒めて、犯さないようにしていた。

御師には師職銘があり、例えば三日市大夫・福嶋御塩焼《みさき》大夫とかで、これは一つの株として売買され、質入れもなされた。

前著によると、

江戸時代に於ては、師檀の關係は既に全國に普及し、上は禁裏、宮家、門跡家、諸公卿、幕府以下諸國の大小名、武士階級より、下は一介の田夫野人、僧侶にまでも及んでいた。禁裏御師は宇治側では藤波神主、山田側では檜垣神主、江戸將軍家卽ち公儀御師は、宇治の山本太夫と山田の春木太夫であった。以下それぞれ定まった御師があり、其の關係は極めて複雑であった。（一四一頁）

とある。御師には、〇〇大夫銘があり、買受者はその銘を継承した。

## 四　御師の階級と数

御師は四つの階級に分かれていた。すなわち「神宮家・三方家・年寄家・平師職家」である。神宮家は、神宮において正員の禰宜たる家柄で、宇治・山田合わせて十九軒あった。三方家は、山田に二四軒。山田の自治体三方の年寄として、三方会合所に席を有している。年寄家は各町の年寄職を帯するもので、山田に一九九軒あった。平師職家は、平人の師職で年寄の支配下に属し、山田に一四三軒あったが、壇家を持つものはごく少数で、大師職の手代として壇家回を業とし、また商業を営むものもあった。

またこれら主人の下には、「殿原・仲間」とがあり、「家の子」というものもいた。この殿原や仲間は、師職にかわって手代として、諸国へ壇家回りをした。

なお御師の数は、『江戸の旅文化』（神崎宣武氏著）によると、次のようにある。

　文禄三（一五九四）年の『師職帳』によれば、山田（外宮）で一四五家あった。その後、貞享元（一六八四）年の『山田惣師職人数覚帳』では四四〇家、宝暦五（一七五五）年では五七三家となっている。これに若干の宇治（内宮）の御師を加えると、江戸中期には六〇〇～七〇〇家ぐらいの御師がいた、と類推できるのだ。

（五十五頁）

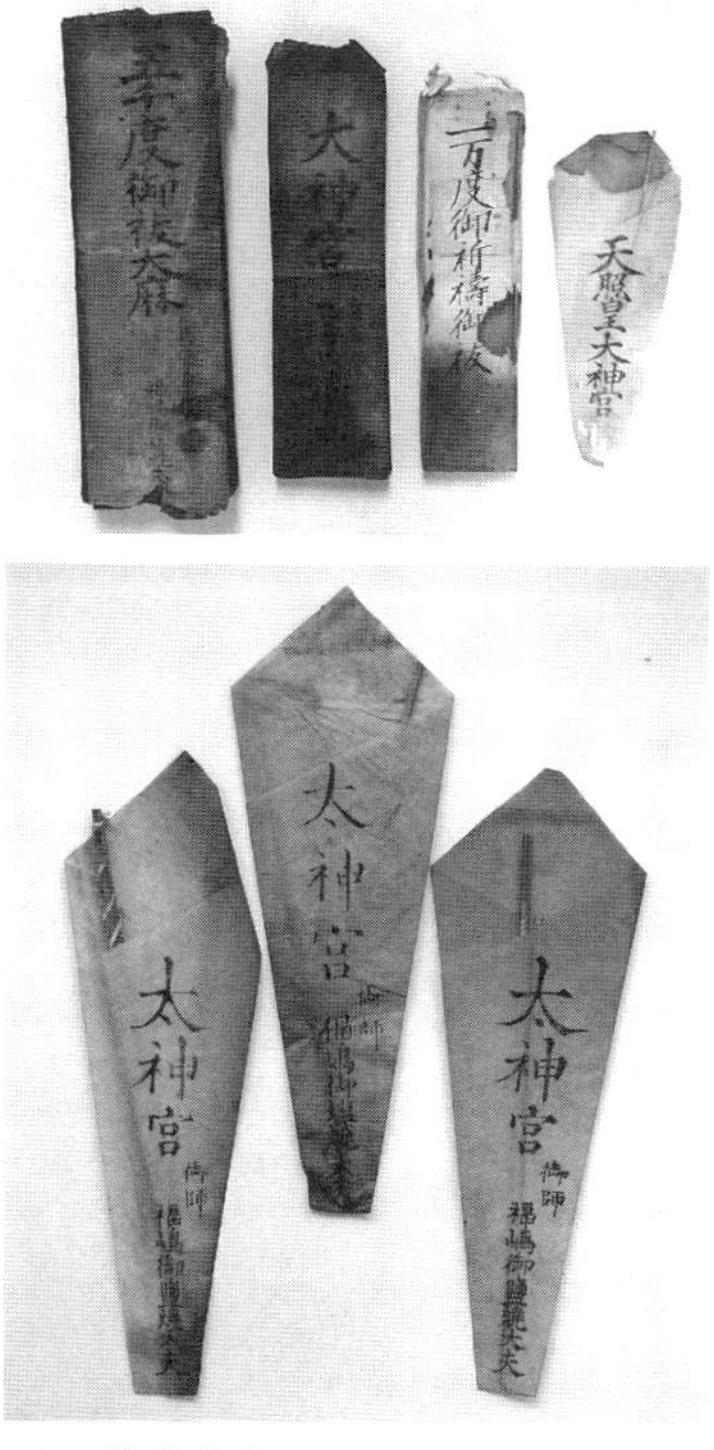


上：御祓大麻
下：剣先大麻。豊後国の御師「福島御塩焼大夫」の文字が見える

## 五　御師の壇家回り

伊勢の御師は年末になると、必ず諸国の壇家へお伊勢様の御祓大麻を届けた。交通機関の発達していない全国いたる所、山海避村へも足を運んだ。この際御師は、御祓大麻に添えて種々の土産物を壇家に贈ったのである。

壇家へ贈る品目としては、時代によって異なりまた各御師によっても若干の相違はあったが、その主なものはというと、杉原紙・鳥の子紙・油煙（墨）・帯・櫛・物さし・布海苔・茶など。中には「伊勢おしろい」（はらや・軽粉）・伊勢海老などもあり、「伊勢暦」が喜ばれた。壇家に不足している物、産出していない物が選ばれた、例えば山国には海産物が、僻村には反物・日用品という具合である。壇家回りは、農閑期の冬に伊勢を出発し、代官・手代・伴人など二人・三人連れであった。

玉谷大夫の御祓大麻（皇學館大学神道博物館蔵）。箱から取り出して中のお札を神棚にお祀りする。そこで木箱は不要になる。ここで役目が済んだ意味の「お祓い箱」の言葉がうまれた（『伊勢の町と御師』）

御祓配り帳をみると、まず最初に「万度・五千度・箱祓・剣先・御祓い」などの語句がある。全て神宮の御神札で、壇家回りの主目的がこれらを渡すことであった。御祓大麻は神札の総称で、万度・五千度は中臣の大祓詞を一万度・五千度誦して祈祷した箱状のお札で、共に箱祓という（縦材で奉製）。剣先とは、美濃紙を剣型に折り奉製したお札のこと。右の御祓大麻はそれぞれ御師の家で奉製され、内宮側は「天照皇大神宮」、外宮側は「大神宮」と記銘して、その左横や下部に御師の○○大夫銘が入る。なお配札は、一般壇家の場合は年一回の場合、二回の場合、毎月の場合と土地によって様々で、参宮の際に受けることもある。公卿・大名の場合は、年一回、年三回（正・五・九月）の場合もある。

御師の壇所回りや参宮には、御祓と称される御札や土産などが配られた。御祓大麻・土産品の種類や品数は、村々から徴収される初穂の額によって異なった。初穂は米や銭で納められ、御祓では米一升～五升へは並御祓、五升～一斗と村役人組頭などへは千度御祓というように、区分されていた。また、神楽にも大々神楽・大神楽・小神楽の三等級があり、この等級により御祓大麻が配られた。

（『御師と伊勢講』岡田芳幸氏著）

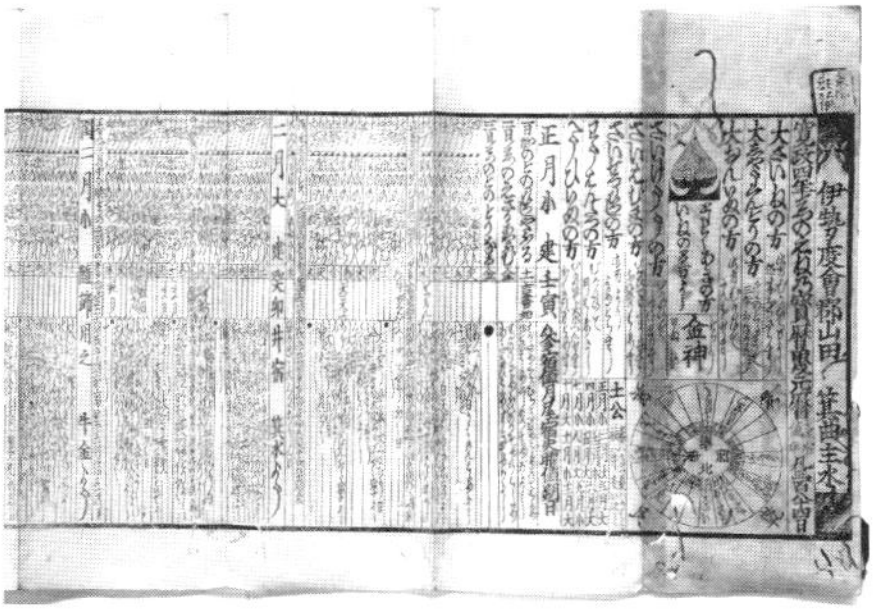

伊勢暦（伊勢市教育委員会提供）

## 六　伊勢土産

### 伊勢暦

土産品の中で、最も喜ばれたものの一つである。伊勢暦の特色は、農家の便を考えて、八十八夜・二百十日などの記事を挿入したこと。寛政六年（一七九四）の『三方会合諸例書』によると、暦陰陽師拾四人とあり、神都にはこれだけの暦師がいて、諸国へ暦を配布するため各御師の求めに応じていたのである。

また一口に暦といっても、暦の仕立て方、用紙の種類などにより、千差万別であった。

**はらや**

軽粉《けいふん》・白粉・伊勢白粉《いせおしろい》ともいう。水銀・塩・にがり・赤土を混ぜ、過熱してできる昇華物。多気郡丹生村・射和村《いざわ》（松坂市）の産。水銀を原料として白粉を製したが、薬用特に梅毒の特効薬として愛用された。

**万金丹《まんきんたん》**

丸薬で、朝熊山《あさまやま》野間の万金丹と、山田八日市場の小西《おにし》の万金丹の二種類があった。御師の土産はもちろんのこと、参宮道者も必ず購入した。万病にきくという。

**その他**

箸《はし》・櫛《くし》・小刀《こがたな》・紙たばこ入などの、日用品。

# 第二章　豊後の伊勢参宮

明星（『伊勢参宮名所図会』）
多くの茶屋が軒をつらね，当時の賑わいを伝えている

## 一　三浦梅園の「東遊草」

神宮では、平成二十五年十月が二十年に一度の「御遷宮」の年に当たり、ご遷宮ということで年間一四〇〇万人以上もの人々が参拝した。

伊勢へ行きたい、伊勢路が見たい、
　　せめて一生に一度でも
わしが国さはお伊勢が遠い
　　お伊勢恋しや参りたや
（伊勢音頭）

伊勢へ七たび熊野へ三たび
　　愛宕（多賀大社）さんへは月参り
（京都方面の俚謡）

ここは心のふるさとか
そぞろ詣れば旅ごころ
うたた
童にかへるかな
（吉川英治）

「お伊勢さん」と、親しみを込めて呼ばれる伊勢の神宮。伊勢神宮は日本人の心のふるさとである。日本人は古来より、生涯に一度は伊勢参宮をしたいというのが、願望であった。近世になると種々の条件が整い、爆発的な民衆の参宮、例えば「お蔭参り」「抜け参り」、あるいは「伊勢講」の代参と、神都伊勢の地は日本一の賑わいをみせていた。

本書では、近世（江戸時代）における九州北部からの参宮者の日記を通して、当時の人々（庶民）の様子・信仰をみていくことにする。ここでまず初めに取り上げるのは、「豊後三賢の一人」でもある三浦梅園の「東遊草」（『梅園全集』上巻所収）である。

寛延三年（一七五〇）

二月十一日　富永より高田迄五里

十二日　高田より大貞に出、中津迄八里

「宇佐にもふで[1]」て、「大貞一の宮[2]を拝し」ている。

十三日　中津よりはね木[3]六里半

十四日　小倉迄五里半、海上三里

「広寿名山福寿禅寺[4]」に詣で、「小倉の町に出」て大里へ。「めかりの宮」・「がんりゅう《巌流》島」の右を過ぎ、「関《下関》」に着く。「ここは西国第一の湊にして」、「町二里になんなんとして、所の繁昌大かたならず」

十五日　関より船木(5)迄九里

「尾郡の町には山口へと志しけるが足のいたみつよくして、おもふ程にはかゆかず」とあり、足の痛みをうったえている。

十六日　山口より宮市《みやいち》(6)へ五十町道、四里

十七日　宮市より富海《とのみ》(7)迄　二里

「内外の二宮(8)をふし拝む、みやはかや葺の何となう殊勝におぼえ」、そして「瑠璃光寺に遊ぶ」。そして、「鯖《さば》川を船橋かけて宮市の町に入、宮市は周防の府中にして、又防府と云」。「是より行事一里ばかり、左のかた山にそって阿弥陀寺あり、俊乗坊これをひらく、東大寺に先だっ事久し」。「又このほとりのみや天満宮(9)あり、是は菅原公つくしさすらへのとき、此湊麻里布の濱へ船をよせ給ふ、則是を祭るなり」とある。

　また、「南のかたを望めば古里ちかくみえて、四極《しはつ》の山(10)も遠からず、足びきや両子の峯夫(11)と定にはわかたねど霞のひまにほのみえて、姫島は春の朧に押たくる地つづきたるがごとく、二人もこなたのかたや詠らんと望郷のおもひをはせ」ている。

十八日　富海より呼坂《よびさか》(12)まで、九里半

「足も痛もくつろぎぬ」とあり、一晩寝て疲れがとれて、痛みもやわらいだようだ。「毛利山城守の居せる徳山を出」(13)て、「といし(14)という駅にいたる」

とある。

十九日　呼坂より岩国をへ、小方《おがた》迄[15]　九里

十路盤《そろばん》[16]橋にいたる。此橋や世間の橋とことなりその橋上下する事五ツ。中に四の石の柱脚を築く。両方に角あり、中程大にして水の怒勢をさく、両の橋ふたつは柱あり、中の三は置ず、すべてその長き事百間、橋坂のつぎめ銅を以て是をはれり、暫く橋の上に大あぐらかきて衣冠の土堂堂乎としてよぎるをも、彼しらず吾しらず、暫く労を忘るる事、傍若無人……みや島のうしろを望み小方の濱に船をとへば、けふは船なし……この里のうしろに一大墟あり、大木繁りあへり、是福島正則城をきづかれん為、己に山たち石を集ける、されど台命によって是をこぼつ、

二十日　わたりに船の日和もなく……めづらしき物語もなくその日はくれぬ

二十一日　小方より厳島へ、三里、厳島より廣島へ、五里

厳島、俗に宮島といふ、右に恩賀島といふ[19]……濱の手の鳥居[17]のたかく潮の中にそびえ、五重の飛閣[18]霞に映じ、千疊敷波に映らふ……廣島は浅野少将の城にして、一大藩なり

二十二日　廣島より田萬里《たまり》[20]へ拾里

二十三日　田萬里より尾道迄、九里四十八町

三原の城[21]に入、浅野家の長臣浅野甲斐の居城にして往還二の丸の内に入

……尾道(22)にいたる……

二十四日　西海・北陸の舟帆を巻き岸につなぎて数をしらず、其繁栄下の関よりこのかた爰につげるものなし、

きのふの暮かた船人の来たりて、室《むろ》(23)への便あり、風も追手なり、一昼夜にははしりなんといふを……

海路三十八里、陸路三十八里、いかがすべきはかりけるを、友人も長途の労船に慰めんといふにぞしかるべしとて、本より丸といふ船にのりうつりぬ、船は荷もおもう積しに船頭が慾に耽りて廣島あたりの道者二十餘人のせてこみに込で、その夜は矢の島のほとりに漂ふ、

二十五日　阿太《あぶと》(24)・鞆《とも》の浦(25)

二十六日　此間、海上十五里

二十七日　下津井(26)より岡山迄、九里八町下津井の町にあかり、児島郡をへ天城といふに至る

二十八日　おか山より三石(27)迄、九里

加賀川に昼休し、いんべ(28)にして古里にして見なれし陶焼備前するを見、……

片上の駅は雨にそぼぬれ……

二十九日　三石より書写の麓迄、十里、書写のぼり十八町、下り同

書写山円教寺(29)へと志し、……東坂本あるじをば儀右衛門とやいふ、爰にとめ

られてる。

三十日　東坂本より姫路迄、五拾町、姫路より賀古川迄、四里
賀古川より大久保迄[30]、五拾町道四里

三月朔日　曽根の天神に詣[31]……賀古川のほとりに出
大くぼ《(久保)》より茨木・住吉、九里
壱里過て爰は明石の浦なりし、朝霧の間に淡路島も間近く、行かふ船も帆などみえて、古歌の心を目前にする事のうれしく……城の東にあたりて人麿のみや[32]あり、門に正一位柿本明神と書て……垂《たる》水村に仲哀天皇の御陵を拝し……須磨寺[33]へいたれば……生田の森[34]に春の来て、木木もややうす緑のふかくなり……茨木住吉のみやに詣、拝殿長くかまへ本社は四社なり、

三月二日　住吉より尼崎へ、六里、尼崎より大坂へ、三里、河舟
すみよし川をわたり壱里ばかり過、あしや川はあしもぬらさず……「宝塚」のいわれを説いてある。
西のみやはいみじくいとなみて境内ややひろし……杵築侯の蔵本ある中の島[35]にいたり、往古あらためさせ、……此地は西国一の湊にして、誠に揚州にも劣るべからねど、郷園の春ぞしたわれし、

三日　（休息している。）

四日　大坂よりなら《(奈良)》へ、八里

# 五日

屋敷にして故郷への文したため、久米氏へたのむ、……大坂の城をみる、追手のかたへ行んとしければ番のものどもきびしくとどめ、……玉造口を出、河内國を過、大和に入、くらがり峠[36]上下二里、樹繁く道嶮なり、行かふ人の編笠は遙に峰に連りて……むろのき峠[37]は微雨そぼちて……今御門町《いまみかどちょう》[38]白金屋清三郎といふ宿にぬれ支度をろしぬ、夕飯しまふ頃、はや當所の名物に候とて、墨やかな物やさらし売、又は所の絵図名所附などもち来りて、しばらくつかれを妨げる、

奈良見物所　六十四丁、ならより大野[39]迄、十里あかつきおきて神に詣んと、さる澤の池にのぞめば……小男鹿のいくらともなく群り集り、谷にのみ草に戯れ参詣人の跡を追て、せんべいを求るに似たり……御手洗川に手をきよめ、春日の神[40]を拝す、……若草山よりぬさとりあへぬ手向山[41]をへ、良辨の建立せし法華堂、俗に三月堂といふ……大仏殿[42]、堂の高さ十五丈・東西五十間・南北三十一間・回廊東西九十間・南北百間、佛の高さ五丈三尺五寸と云……興福寺は七堂伽藍の地なりといへども、かって祝融氏の災にかかり、只望范々然たるのみなり、五重の塔斜に南円堂のかたにむかふ……それより元興寺[43]・在原寺を経て、生駒山を遠望しながら道で武家の老人に、「楠が千早の城の跡」をとうている。「是は金剛山のかなたにして、こなたよりはみへず」といい、「南にひきき山二有、ひとつは天神山さきのかたに在社、神武天皇

の都し給ひしうねび山(44)なり」などと説明を受けている。みわ(45)のまへにしてひとつの小山うつくしうしげりて……神前の茶店にのぞけば、面の皮あつき女どもが客とめて、素麺くへと囀るもかまびすしく、松両面に連れる馬場を遠く過てける、神木は折て往来のうへにふしたり、禰宜が鈴ふる音のみ亮々たり、本殿は今普請なり……三輪山をめぐり丑寅にむかひ、こもり日の初(46)瀬の山は峰たかく泉清く木老たり、そぼふる雨もいとはずとめ女の手をふりきり……本堂にいたれば貴賤衆引もきらず折から本尊開帳ありけり、かけ造りは雲を踏、烟を凌がごとく闌の下には、いくばく樹の桜か開謝の色をあらそひ、仙境のおもひ浅からず……はい原(47)の驛にいたれば日もまださのみ遅からざりしを例のとめ女(48)にかかへこまれ無體に引ずりけるを漸にげ……

六日　大野より二本木(49)迄、十一里。

大野寺を経て、大和伊賀の堺の牛の舌でようやく峰々の霧も晴れている。田村から名張の町を経て、伊勢路の駅に足をやすめ、青(阿呆)(50)ごへ(越え)にかかりける、此山はさのみ嶮にはあらねども、仰げば弥高して峰に峰をかさねたり、柘植《つげ》の木多く繁りて、青山の名にそむかず、此頂伊賀・伊勢の境なり……

七日　二本木よりおはた(小俣)(51)迄、九里

めざめにめしたけとて家のものをおこしければ、また鳥も啼ぬよし大笑ひしてふしけるが、さまざま故郷の事など夢みて醒れば、空も白みけり……青山

の麓を下り、原野を過、……六間茶屋[52]に出ぬ、爰にて京海道と合す……是より上下の参詣も多くて、三宝荒神[53]に夫婦親子の袖をつらね、……西國のぬけ参りは寝むしろを背におひ、関東の巡禮は金剛杖もいとりりし……またるる人はなけれども松阪[54]にのぞめば、髪ゆへ月代せよせかまれ、また日もくれぬに新明星を過、明星[55]に出、笠はあるのに笠めせよ、烟草すわぬを烟草入と、両わきよりよばれ、ゆたのといへる原を過……

次の図は金森敦子氏著の『伊勢詣と江戸の旅』所収のものであるが、伊勢へと連なる主要街道とその途中の地名を網羅しているので掲載した。梅園がいう「京街道」とは「伊勢路」のことで、梅園らは参宮の帰路この道を通り「津」で「伊勢別街道」へと入り、大津・京都へと進む。そういう意味で、京への道と称したものであろう。

金森氏は前著で、これら様々な街道が合流する伊勢路を紹介しているので、少々長いが引用する。

伊勢の内宮《ないくう》・外宮《げくう》へ至る街道は数多くあるが、参宮者の姿が俄然多くなるのが、東海道四日市石薬師の間の追分から伊勢湾の西側に沿って伊勢山田へ至る伊勢路である。伊勢街道や伊勢参宮道などと呼ばれたこの伊勢路の距離は、追分（一里二一丁）神戸《かんべ》（一里半）白子《しろこ》（一里半）上野（二里半）津（一里）雲津（一里）松阪（二里）櫛田（二里）小俣《おはた》

（一里半）山田で（一八二一・二三年刊と考えられる『大日本道中細見記』による）、途中からは西国からの参宮者も加わって、街道は次第に華やかさを増してくる。東国から来る者に比べると、上方筋から来る者は格好も派手で、揃いの着物を着たり、鳴り物入りで騒ぎながら来たりすることが多かったという。

追分けから山田まで一四里二一丁のこの伊勢路には、さまざまな街道が合流し、そうした参宮者で賑わう宿場の旅籠や間《あい》の宿《しゅく》の茶屋では、「太々講中《だいだいこうちゅう》用達」という看板を掛けていたところが多かった。この看板を掛けているのは、伊勢御師の取次所である。

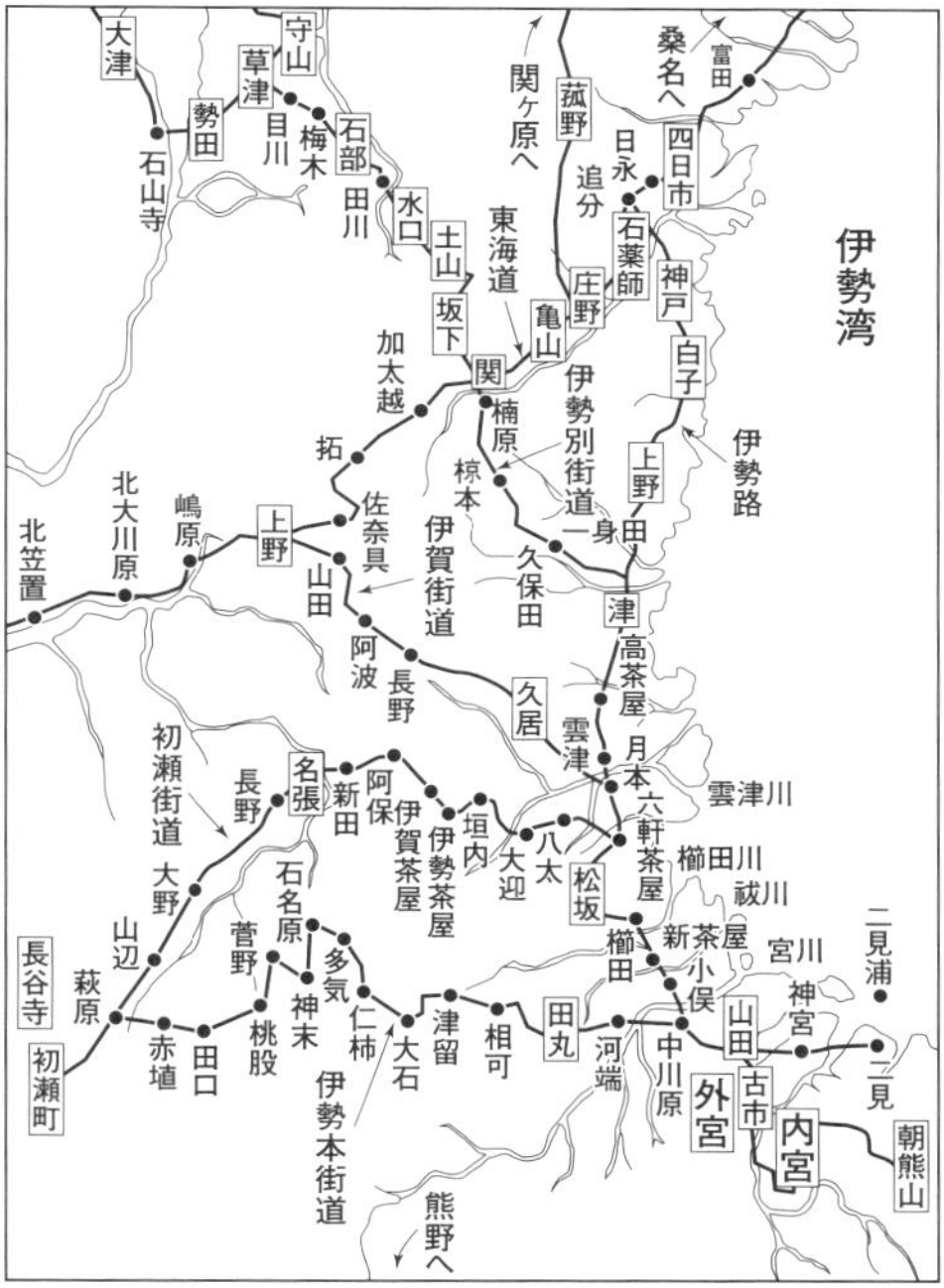

伊勢への道（『伊勢詣と江戸の旅』を参考に作成）

伊勢路に合流する街道には、以下のものがある。北から行くと、東海道関《せき》から椋本《むくもと》・伊勢一の名刹真宗高田派の大本山専修寺《せんじゅうじ》がある一身田《いしんでん》を経てきた伊勢別街道（伊勢参宮道）が、津で合流する。

津から雲津へと行き、雲津川を渡ると月本があり（月本の地名はなくなってしまったが、現在の三雲町中林の付近だといわれている)、ここには奈良から伊賀上野、長野峠を越えて久居に至った伊賀《いが》街道が続いている。比較的なだらかだったので、女性連れや老人などがよく使った街道である。

月本から約二キロの三渡川《みわたりかわ》のほとりには六軒茶屋(六軒とも。松阪市六軒町)がある。雲津と松阪の中間の立場で、最初はその名のように六軒の茶店があったのだろうが、参宮者を見込んで、のちには構えの大きな茶店が建ち並ぶようになった。初瀬《はせ》街道(大和初瀬の長谷寺から、名張・阿保《あお》を通って八太《はた》、六軒茶屋に出る。阿保越大和道とも呼ばれた)は、ここに合流する。

(三十六-八頁)

八日

おはたより外宮　壱里

處々見物、五拾町道、七里のよし、七里はなかるべし

朝まだき、大夫の許につくべしとて、宮川(56)のほとりにゆけば、早代垢離《だいごり》とらんとて子供で袖にもつれける。是を始として船ばかりは神よりの馳走にして、垢離場にむしろの賃をせめぐ比丘尼《びくに》(57)に銭擲て、福島御鹽焼大夫《ふくしまみさきたゆう》(58)にいたる、爰は豊肥の檀那多くして、障子を隔我隣邑のものども多かりき、又豊府生石村(59)の名主與左衛門といふ人にあふ、三人連なり、是も陸路へて大和めぐりし爰にいたり、猶信濃なる善光寺へと志など談る内、朝飼出來て追追挨拶人に宮めぐりせよと會釋せられ、笠持ながら玄關へ出れば馬子どもが馬

引よせ[60]、玄關にて道者[61]の笠をはたはたと争ひとりて、その笠をしるしに彼是をのせて外宮へ参りぬ、去年（寛延二年の第四十九回御遷宮、皇大神宮は九月一日に、豊受大神宮は九月四日に斎行）造營有て宮の金碧日に映じ、霞をおこすにたり、是國常立の命にして誰かその澤に浴せざるものあらん、何事の内に有かはしらねども忝さに涙こぼるゝと、西行法師のよみし如くかしこまるしでに涙のかかるばかり、有難くおぼへたり、四十末社といへるは

末社順拝（『伊勢参宮名所図会』）

すずきの垣をたかくゆひ廻し、木の闌を曲らし屈曲長短一ならず、小きみやにきこえざる繪をかけ、禰宜どもが或は帆かけ烏帽子にひる過のかけ衣を着し、あるひはひだつぶれたる袴きて扇ひろげ、手をささげて、疫神にて候、厄はらひの神、明星三ヶ月目のみみ、鼻の神と、さまざまにいきすぢはりて叫ぶかたてに、神前のかねに自の袂より銭を擲て人をせたく、性來恍惚として目のまふ程めぐり、雨のみや風のみやなど過、天の磐戸に攀上る、山高く樹ふかく道つくりとて、鶴觜を携へ帚を握りて銭もろふ、盤戸は洞の奥にして燈明をかかげ、禰宜ども集りて是も同じく銭を乞、右に轉じて高間の原の茶屋に休み、爰を回て馬に跨り、人はおしへねど相の山の名もしるく、比丘尼は鞍にすがりいつくしくこしらへたるたり、

子どもの啼啼つきてはしる乞食、両の脇より笠をささげ杉や玉[62]やなどいへるが、三味線胡弓をかなでる、子どもはささらの客まつもいたひげなり、御裳濯川[63]の流きよくうぢはし（宇治橋）をかかる時節に逢あひて、天照すおほん神の廣まへに謹み敬ひ奉幣し、八十末社をめぐりけり、御手洗川に酌水の影さへすみて、五十鈴川や天の浮橋雲に架しうごきなき世のためししる、外宮はちぎ[64]九本片そぎ外よりそぎたり、内宮はちぎ十本片そぎ内よりそぎたり、あさくまの山[65]はあさからで、上る事五十一丁下る事五十丁、櫻花さかり過て鶯の聲老たり、壱丁壱丁に石堠子を立たり、半過て茶店遠目がねあり、二見

上：内宮（神宮司庁提供）
中：五十鈴川に架かる宇治橋
下：伊勢市二見浦（夫婦岩）

の浦をあけてみるごとく阿漕のかたに連りて、白波天を蹴て尾張のかたに茫茫たり、二見のかなたに松あり、和泉三郎と植る處と云て伊勢の大湊にかかる船、定て限りなき客愁をのせてそうかふならん、鳥羽海道の馬子かとりなり迄も鮮にみへて面白かりし、難波のあしといへるはかたはなるよし、かなたのかたにありと案内に教られ、程なく寺にいたる、ことしは本尊福一萬虚空藏の開帳なるが、坊主どもの墨染の衣きながら、赤面になりて擲銭をすすむるもおかし、山下に太夫より馳走の茶店有、此に休しもとの所に來りふしぬ、かの生石《いくし》の名主かふ終日の友なりし

諸国からの文人墨客や参宮者を迎えて発展した伊勢は、文芸の花開いた地、伊勢神道や古典・歴史研究が盛んな好学の地として知られていた。慶安元年（一六四八）外宮に「豊宮崎《とよみやざき》文庫」が、貞享三年（一六八六）内宮に「林崎《はやしざき》文庫」が開設され、神官の子弟たちの図書館・教育機関の役割を担った。

当代一流の儒学者・学者である室鳩巣《むろきゆうそ》・貝原益軒・伊藤東涯らが豊宮崎文庫を、同じく伊藤東涯・林大学頭信篤らが林崎文庫を訪れ、講議をしている。なお現存する「神宮文庫」は、両文庫の後身である。

このように、当時有名な文庫の存在を三浦梅園は知らなかったのであろうか。あるいは、知りつつあえてそれらに触れなかったのであろうか。伊勢・京・大阪・奈良などの名所・旧跡を

油屋本店

探訪しているが、当代一流の文人達との交流は一切ないのである。

また梅園は外宮から間の山・古市を通ってはいるが、夜の古市へはくり出していないようである。「古市」は、外宮と内宮の間「間の山」にある。

江戸時代、古市が伊勢では最大の歓楽街で、芝居小屋や見世物小屋も多かった。天明（一七八一－八九）の頃には、古市の人家は三四二軒あり、その内妓楼が七十軒・遊女は千人を越えたといわれている。参宮者の増加に伴い、大遊郭街に成長したのである。なかでも、備前屋・杉本屋・柏屋・油屋などが、大店《おおだな》であった。

また、梅園やその日同行した豊後国生石村の名主らも、御師宅で「神楽」を上げていない。神楽は祈祷主の料物（神楽料）によって、「大々神楽・大神楽・小神楽」の区別があった。それによって、楽人《がくじん》（男）・舞人《まいびと》（女）の人数が決まる。神楽執行には、神楽役人を招くのである。

『伊勢参宮名所図会』第六巻には、「神楽」の図があるが、伊勢参宮をはたした人々は御師宅で神楽を奉納した。神殿に神座を設け、天井には錦蓋を吊り、ここに両宮を勧請し、神楽役人達が大勢参って奉仕した。

同図会は、寛政九年（一七九八）の編で、京から伊勢参宮をなす順路を記し、その間の名所・旧跡・景勝地などを、絵図を交え詳細に記した旅行案内記である。

多くの御師がある中で、神楽殿を有する御師は十数軒で、主として関東・東北地方に壇家を有する御師（三日市大夫・久保倉大夫・龍大夫など）である。五畿内・九州に壇家を有する御師邸には、神楽殿がなかった（福嶋御塩焼大夫・橋村大夫・高向大夫など）。神楽殿のない御師は、申し込みがあると神楽殿を有する御師から借りた。

福嶋御塩焼大夫は壇家数では有数の三方家であったが、主に豊後と肥後が中心で、関東・東北には壇家がなかった。ゆえに神楽奉納の習慣もなかったようだ。

神楽（『伊勢参宮名所図会』）

ちなみに神楽奉納の相場金額は、最低でも十五両であり、個人奉納できるのは、相当の資産家である。大神楽となると二十両はかかり、これらは「伊勢講」として代参した場合などに奉納された。

梅園の「東遊草」中には、御師宅での「朝ゲ」や「大夫より馳走の茶店」とか、「大夫よりの粗席」とかの表現はあるが、料理の献立・内容などについては何も記していない。道中の名産・名物も恐らく食したであろうが、それらもほとんど記されていない。食物に関心がなかったのか、あるいは記すのをはばかったのであろうか（文学的にみて）。

九日　　伊勢山田より松坂まで、五里

今朝もいろいろもてなされ、大夫出られ盃など有て、日己に午に垂とす、中川原松兵衛と云かたへ、太夫よりの粗席あり、生石の人人へ爰にてわかれ……路程弐百参拾壱里

十日　松坂より坂下(66)迄、拾壱里半

夜は六間茶屋のあたりにあけ……藤堂和州の城下安濃津《あののつ》(67)の橋より……下関に孫六が流の鍛冶有、立よりて尚西の方へむかひける、是ひかし鈴鹿(68)の関の旧跡が今その跡ともみえず……坂の下にして、例の女どもに引ずられて、動されず、あるじさのや安左衛門

十一日　坂下より草津(69)迄　拾壱里半

我やすみけるそばの床几の、是も三人連なるが風呂敷おろしぬ、物がたりするをきけば、慥に豊後なりと聞こえて、とへば豊の真玉(71)といふ、さては遠からざりし、いざ是より伴んとて、石部(70)より梅の木の里に来る、これ和中散(72)の出る處なり。

十二日　草津より瀬田迄　壹里半、せたより石山寺　拾八町、石山より大津迄舟　二里、大津より坂下迄　貳里、坂下より比叡上五十丁下五十丁、修覚寺より京三條迄壹里半、合拾里半天晴風おどろかず、草津を眞玉なりける客とともに立出れば、うばが餅とて女どもうる聲かまびすし、瀬田の長橋虹のごとく湖水の中を横切ぎれり、是をわたりて眞玉の客にわかれ、大道を左に石山寺へと志しける。

十三日

五里ばかり

内裡[73]へと志ける……爰にて案内やとひ、東門俗に日の御門といふ仙洞……南門ふかく鎖して清涼殿の棟ほのかにみえたり、西のかた紫震殿を望み、西門は洞に開たり、のぞきて内をうりたへて窈窕として物静なり、誠に人間天上の文物を詠る事の有がたくいみじくぞ覚ける、徳に在て険にあらず、堯階三尺とかやいふ、城高きにあらず、堀ふかきにあらねども、千年の星霜をへて北極巍巍として移らず、四輔三台めぐりめぐって衆星のむかふがごとく、今尚むかしに異ず、豈異國羯鼓の生臭き、朝に犬洋《羊カ》と称し夕部に君主と称すると日を同して語るべけんや……北野の廟[74]は文墨の太祖として一夜の松雲をはらふ、絵馬堂はいやが上にもしほ草の書あつめて、拝殿深沈まり、珠簾ふかく隔てて、神殿ふかく閉たり……西陣……大徳寺より今宮に出……愛たご峰にはゆかで……上賀茂のみや……下賀茂の神社[75]本殿六角にかまへ内外の二宮を初日本六十餘州の神神中をかこみ、宮殿あたらしくみえたるは吉田なり……真如堂を過て、新黒谷にいたる、諸侯士庶人となく青蓮院門跡より……知恩院のうら門に入……祇園のかたにいたる……安井の宮の内に入……

京よりふしみ迄、左の道にて五里ばかり、

十四日

伏見より大坂迄、川舟十里

誓願寺に遊び……大谷にいたり……清水の門[76]に登りてのぞめば、二条の城

十五日　突兀として洛中一望の中にあり……、秀頼再造の大佛堂廻廊石垣[77]飄渺として雲おこり霞わく、盧遮那佛南都の像よりも大也、南門を過て鐘あり、おもへ慶長元和の大坂の役、此かねにおこり、四海の紅塵天をかすめしも久しきにあらず、三十三間堂より東西本願寺に出……東寺……東福寺……藤の森の神社……伏見の船場にいたれば、流れにそうて下る……八間茶やに着……

十六日　路程三里ばかり

四天王寺にいたれる……茶臼山は権現公の陣所なり……道頓堀にからくりみて……

十七日　けふは芝居みんと出雲のものと約しかど、船今夜出べきよしなれば、かた〳〵荷など形附、船におくりて屋敷にいたり切手などうけとり……

十八日　須磨あたりの風景は船こそ猶まさりて、面白く覚ける、夕陽影うすくなりてとまり鳥のねぐら求むる聲のみして……

十九日　讃岐丸亀より金比羅[78]往来　六里

讃州丸亀の川口に船をよせ、岸にあがれば城はたかくそびえて、松ふかく鎖せり、飯山はさぬきの富士と名にきこへ、南に向て行事数里、象頭《ぞうず》山をのぞむに宛然として象の叺たるにのれり、是金比羅の神鎮座ます山なり……杖に扶けられて山をのぼれば雲樹深沈として谷ふかく……殊にこの神は舟人のたうとく仰ぎて南去北来の船客爰に過るもの往てその冥助をいのらざるものなし……船よばひする聲のみ、かすかにきこえてける……

二十日

二十一日　沖のかぶろ(79)に泊りけり

二十二日　今在家(80)より富来　三里半

二十三日　今在家の浦につきぬ、故郷のかわらぬ色も命なりけりとつぶやき、桜八幡の廟(81)を拝し、馬場を出ればはや麦秋の里に来て、日暮に茅門にたどりつき、桑梓萱堂依然として三徑の松竹も清陰を改ざりけり、

大坂より海路　おもふに百弐拾里ばかり、海陸　四百里ばかり、陸路　弐百三拾九里、船中百六拾壱里

## 二　梅園の敬神・尊皇の一端

「東遊草」の筆者三浦安貞（梅園）は、二十八歳の春寛延三年（一七五〇）「はからずも東遊の興を催」して、下男「貞右衛門といへる男をともなひてうかれ出ぬ」と、東へ向けて四十三

日間の二人旅にでた。伊勢参宮を兼ねての上方見物（高野山・吉野方面へは行かず）である。平素は、両子の山中で勉学・瞑想にふけっていた梅園であったが、こうした風流の一面もあった。毎日の日付と行程、その日見聞したできごとを流暢な和文で綴っている。

梅園研究の第一人者田口正治氏（大分大学教授）の人物叢書『三浦梅園』には、「東遊草」について次のように記している。

梅園は随分筆まめな人であったが、平素の日記というものは、今その断片だに残っていない。ただ旅日記としてこの「東遊草」があり、また晩年長崎に遊んだ時の日記があるのみである。

さて、これ程の長途の旅行で、しかも上方を見物したのであるが、その日記中に学者を訪ねたとか、何か学問的な話とかという記事は片鱗だにない。これはどうしたことであろうか。思うに梅園が平素抱いていた天地の大疑といったようなことを話し合う学者が当時いなかったのであろうし、また詩文を競うようなことはその好む所でなかったのである。これは後年になってからのことであるが、前に引いた綾部富坂に与えた書簡にもあるように、「晋が所見必ず四方の君子と合ひ申すまじく……晋ひそかに望を四方の諸君子にたち候」とかいった気持が、このころからあったものでもあろうか。　（九十三―四頁）

「東遊草」の中には、名所・旧跡の紹介が種々盛り込まれているが、安貞の考えが若干うかがえるところもある。当時、一生に一度あるかないかの上方見物でもあり、梅園のこれまでの勉学の内から旅の途中でこれだけは見聞したいという箇所を、あらかじめチェックしていたように思える。それらが全て頭の中に入っていたかは別だが、メモ帳的な物を持参したのではなかろうか。またその途中、宿や行きかう旅人からも、その土地土地の情報を収集している。

なお梅園の遺言書には、「東遊草・童蒙筌など申す類、みな甚だおろかなる物にて、他出無用に候」とある。「東遊草」などは、他人に見せびらかすようなものではないと言っている。

道中記には、ただ単に道順や路程・名所旧跡を紹介したものもあるが、その土地の名物の記述も多い。それらは己の記念・記憶というよりか、次に旅に出る身内や仲間への参考のために、記録したむきが強い。特に講で代参した者は、居残った者達への報告の意味もあって、書かれた傾向がみられる。梅園の「東遊草」も、自身では「他出無用」と言ってはいるが、後の人々のために参考になると考えて、保存していたことは確かである。

三浦梅園肖像（三浦梅園資料館提供）

地元大分で梅園を研究する三浦梅園顕彰会会長小串信正氏は、「梅園先生に学ぶ」（『三浦梅園・研究』第二十号所収）で、次のように記している。

二十代後半から、哲学的な思索を始め、中国の古典やインド、特に仏教などの経典も読書してい

三浦梅園旧宅

きました。日本の儒学、特に古学（古義学や古文辞学）などにも学んで、産みの苦しみに耐えていました。ある説では、その思索でノイローゼ的に行き詰まっていたので、その気晴らしのために伊勢参宮の旅に出たのではないかと言われています。私はそれほど深刻ではなかったと思いますが、たまたま伊勢講のくじが当たったので、貞右衛門（中略）と二人で、寛延三年二月十一日から三月二十三日に伊勢参宮の旅に出たのです。（中略）貴重な記録であり、紀行文としてもっと高く評価されても良いと私は思っています。（傍点部は筆者）

（一二三頁）

右の文中、「たまたま伊勢講のくじが当たったので」云々とあるが、筆者が電話で小串氏に確認したところこれは類推ということであった（傍証資料はない）。

もし代参ということになると、御師宅へ納める経費、つまり御供料・坊入用や講員への土産などについても記録されてしかるべきだが、何も記されていない。講からの御初穂やそれに対する御師側よりの返礼（御札や土産品）などが記された記録（「東遊草」の中に記述しなくても、別綴りでもよいが）類がなければならないが、伊勢参宮に関するこれ以外の書類（例えば、宿賃・船代・昼食代・ワラジ・芝居・風呂賃・土産物代など）は、一切伝存していないようである。

これら、世俗から一切を遊離したところに己を置いているようでもある。真に、東へ向けて現実を離れ、しばしの気ばらしのひとときを過している（岩国の錦帯橋の真中で大あぐらをかくなど）。

次に一つだけ、伊勢講の代参ではないが、伊勢へ参宮するというので、村中から御初穂を預かり奉納した記事を紹介する。大分県玖珠郡九重町松木の帆足正氏編『伊勢参宮道中記』には、

東遊草（表紙）と本文の一部
（三浦梅園資料館提供）

「天保十五年（一八四四）辰二月、伊勢御初穂小前帳、玖珠郡書曲村」と記された長帳が所収されている。

それによると、帆足茂助（書曲村組頭）らの伊勢参宮に合わせて、村中の有志がそれぞれ御初穂合わせて三貫二六五文を神納（三月八日付）している。これに対し御師の福嶋御塩《みさき》焼大夫側では、伊勢暦である「表紙暦二十一幅・巻暦四幅」が、後日（九月吉日付）お返しとして送られてきた。同日記には、伊勢での記事の中に、「福嶋塩大夫様御料理次第」と「御供次第」と題した明細が記されている。

小串氏の前書で、「ある説」として説明している箇所は、山田慶児氏の『黒い言葉の空間』の説である。

『三浦梅園・研究』第八号で山田繁伸氏は、「三浦梅園の

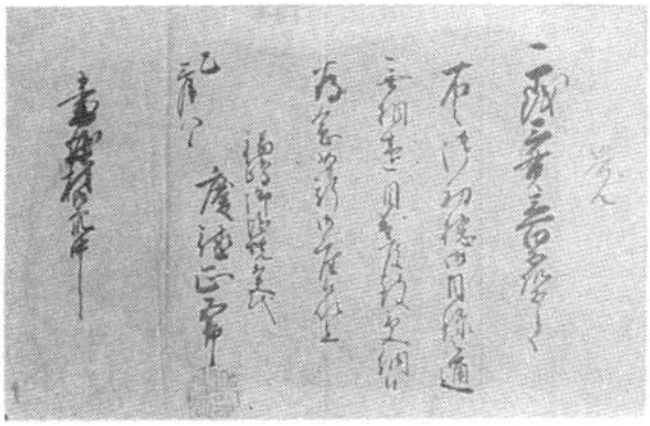

右：天保15年伊勢御初穂小前帳の表紙（原寸：縦12.2ミリ，横34.2ミリ，横帳）
左：神納の領収書（『伊勢参宮道中記』）

紀行文」を発表している。つまり、『東遊草』の紹介である。その中で、この山田慶児氏の先著を紹介し、慶児氏がいうように学者というより、俳人の旅日記を思わせると言い切ることができるであろうかという。そして、「梅園の紀行文は、客観的で、事実に則した正確さが特色のように思われる」（五十七頁）といい、次のようにいう。

一方梅園の『東遊草』は、客観的、現実的、科学的、歴史的であり、散文性に終始貫かれていると言える。風景の描写も非常に具体的で明確に描かれている。その前提として梅園の鋭い観察眼と深い学問による知識情報の蓄積といったものが窺える。したがって、私は梅園の『東遊草』は俳人風の文書ではなく、やはり学者の文章であると思う。そして、梅園が天地に条理あるを悟るのは、翌年のことではあるが、やはりあくまでも梅園には学者としての天分が備わっていたことの証左を、『東遊草』から読み取ることができるのである。

（六十一頁）

狭間久氏の『三浦晋　梅園の世界』でも、山田慶児氏の先著を引用して論じているが、「勉

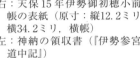

強に行き詰まったというか、倦んだ晋が、一種の気分転換に、伊勢参宮の旅へ出たと見るのである。恐らくこの見方は正しいだろう」（六十九頁）という。筆者もその通りだと思う。気分転換を兼ねて、二人で「うかれ出」たのである。ために誰一人として学者・文人にも合わず、神宮の文庫（豊宮崎文庫・林崎文庫）をも訪れず、芝居を楽しみ、これまでいつかは行きたいと思っていた各地の名所・旧跡を訪れたのである。そのきっかけをつくったのは、前年の御遷宮（第四十九回）であったと思われる。

なお「豊宮崎文庫」は外宮に設置された文庫。慶安元年（一六四八）外宮の神官出口延佳《のぶよし》・与村弘正らの発起によって外宮祠官研学の場として設置され、有志の寄附により蔵書が形成された。発起人七十家からなる文庫衆が管理・運営にあたり、寛文元年（一六六一）には幕府から修理料も受けた。貝原益軒・伊藤仁斎ら学者の来訪も多かった。

また「林崎文庫」（伊勢市宇治今在家町）は、内宮に設けられた文庫。貞享四年（一六八七）、宇治会合の大年寄らの発議で設立。内宮祠官の修学を目的としたが、全国からの学者の来訪も多かった。現在、両文庫蔵書類は、明治四年（一九〇七）に開設された「神宮文庫」に引き継がれている（『日本史広辞典』参照）。

このように、当代一流の学者も訪れ献本・講議をしたという両文庫の存在を、梅園が知らなかったとは考えられない。前に紹介した田口氏の記述のように、「晋が所見必ず四方の君子と合ひ申すまじく……晋ひそかに望を四方の諸君子にたち候」（九十四頁）といった気持ちで、あえて文庫や学者の存在を無視したものであろうか。

旧林崎文庫。国指定史跡（神宮徴古館所蔵）

ところで、梅園の父はどうゆう人物であったのであろうか。梅園自身が父亡後宝暦十年（一七六〇）三月に記した「先考三浦虎角居士行状」によると、「二度南勢に学び、一度京城にとどまり、三度崎陽に赴き、足九州に遍《あまね》くして、碁を好み、俳諧をたのしび」云々とある。つまり旅が好きで、二度伊勢参りをし、京都にも逗留し、長崎には三度遊び、九州内の至るところを遍歴し、碁を好み俳諧を楽しんだという。

田口氏は、先著で梅園の遺言書を記し、「東遊草・童蒙筌など申す類、みな甚だおろかなる物にて、他出無用に候」を紹介している。そしてそれに続いて、次のようにいう。

そこで、この書は後世に残すという考えで書かれたものでもない。いわば筆のすさびというところであろう。思うに、これは父虎角翁を慰めるためのものではなかったろうか。この年翁は六十四歳であって、かって幾度か往復した曽遊《そうゆう》の地の風物を、今わが子が遊んで面白く俳文様に作られた文章をいかに興味深く詠み、そして慰められたことであろうか、思ってみるだにほほえましいことである。（九十五頁）

田口氏がいう、「この書は後世に残すという考えで書かれたものではない」とあるのは、間違いであることは前述した。また、「これは父虎角翁を慰めるためのものではなかったろうか」ともある。無論、かって伊勢・京都方面へ旅したこともある父にも読んでもらいたい気持ちはあったかと思われるが、それが主目的ではない。

梅園は詩作に秀でていたが、和歌も若い時にたしなんでいる。しかし俳諧はしていないようである。梅園は伊勢参宮において、「荒木田守武」について何ら記していないのである。俳諧の祖といわれる伊勢の神官荒木田守武（一四七三－一五四九年）は、和漢の学に精通し戦国時代最高の知識人として名高い三条西実隆に師事した。連歌から五七五を独立させた俳句を生み、山崎宗鑑とともに俳祖と仰がれた。

荒木田守武像（神宮徴古館・農業館所蔵）

守武の句、「元旦や神代のことも思わるる」は、新しい年の始まりのすがすがしい雰囲気から、遠い神代の時代に思いを馳せているのである。

この俳祖を輩出した伊勢の地は、俳聖「松尾芭蕉」もいくたびも（六度）この地を訪れているのである。『野ざらし紀行』・『笈《おい》の小文《こぶみ》』、そして『奥の細道』の延長線上の旅がそれで、伊勢でも句を残している。『野ざらし紀行』は、貞享元年（一六八四）から翌年の旅であり、これらは梅園・父虎角以前の時代で、守武や芭蕉と伊勢との関係などは、俳諧を心ざす人にとっては当然知っていたはずである。

ちなみに守武の五輪塔墓（総高八七センチ・天文十八年八月八日銘あり）は、伊勢市宇治浦田町の荒木田墓地内にある。「東遊草」が父を慰めるものとしたら、伊勢での守武のことや芭蕉のことも、少しは記してもよさそうである。

以下「東遊草」中には、梅園の不断の努力、勉学の素養が種々含まれてはいるが、梅園の感想ともいえる箇所も、わずかではあるが記されているので、それらをここで紹介する。

**日記抄録**〔（）著者補註、原文を引用する場合には「」内に収めた〕

「十五日　関より船木迄九里」の箇所には、「風呂屋を尋て、いためる足などあたためて」いる。「貞右衛門とひとつ床に屈りふしぬ、このわたりは吾國とはちがひはにふの小屋は畳なく、わらむしろのいとおそろしきにふるき琉球むしろ一枚しきたり、ゆかの簀子はをれて、夜きるべき一重もなく、二人して夜もすがらふるひけり」と、足の痛みもありふんだりけったりである。

そして次の「十六日　船木より周防山口まで八里」では、「尾郡（小郡《おごうり》）の町には山口へと志けるが足のいたみつよくして、おもふ程にはゆかず」とある。山口の手前では、天然温泉もあるが、入湯していない。足の痛みはいえたのであろうか。また「十七日　山口より宮市へ、五十町道四里、宮市より富海《とのみ》迄二里」では、富海に宿す前「南のかたを望めば、古里ちかくみえて四極の山も遠からず、足びきや両子の峯、夫と定にはゆかたねど、霞のひまににのみえて、姫島は春の朧に打たくる、地つづきたるがごとく、二人もこなたのかたや詠らんと、望郷のおもひをはせ」とある。

文中の四極の山とは高崎山のことで、国東半島の中央最も高き両子山《ふたごさん》がほんのり見えて、姫島も春の朧にほど近くに見えて、故郷に思いをいたしている。

次の「十八日　富海より呼坂まで九里半」では、「足の痛もくつろぎぬ」とある。なお、これ以降、身体の疲れ、痛みなどの記述はない。

次の「十九日　呼坂より岩國をへ小方迄九里」では、「十露盤《そろばん》橋にいたる、此橋や世間の橋とことなり、その橋上下する事五ツ、中に四の石の石柱、脚を築く、両方に角あり、中程大にして水の怒勢をさく、両の橋ふたつは柱あり、中の三は置かず、すべてその長き事百間、橋坂のつぎめ銅を以て是をはれり、暫く橋の上に大あぐらをかきて衣冠の士堂堂乎としてよぎるをも、彼しらず吾しらず、暫く労を忘るる事、傍若無人」とある。

十露盤橋とは、かの有名な岩國の「錦帯橋」のことである。型状がそろばんの玉を連ねた状態に似ているので、こう表現している。近世の石橋などは、「車橋」と称されているが、アーチの状態が車の輪の形に似ているのであるが、輪は大抵一カ所である（二つだと、メガネ橋）。このように五ッ連なるから、そろばん橋と表現したのであろう。

四っの橋脚は石で築かれており、両方（川の上流と下流）に角、つまり両方が細く中程が太くしてあり、水の怒流を弱めている。長さは百間（約一〇八メートル）で、橋板のつぎめは水が入らぬようにと、銅板を張っているとい。

流石に梅園である。橋の構造を分析し、その工の妙をしきりに感心している。梅園は橋の上に大あぐらをかいて、暫く旅の労を忘れ、山川の明媚に心を移している。その間、衣冠の士、つまり岩国藩士が上下の正装をつけ登城するのも我関せずに、時を移している。

また「二十六日　此間、海上十五里」では、「夕部は舟のものども集りて大にさわぎて博奕しけり、吾等はしらぬ事なればみる事も面白からで、かたへのかたに屈りふしぬ」とある。夜中に船中にて博奕があり、大はしゃぎしている。我等は船の片隅で静かに寝た。「友人と相はかりけるは、舟中の欝陶甚しまして、心いぶせき客のみなり」とて、船を降りて下津井の町に上がり、再び陸路上方をめざした。

また「(三月) 四日　大阪よりならへ、八里」の箇所では、「屋敷にして故郷への文をしたためぬ」とあり、大阪の杵築藩の蔵元屋敷にて、故郷へ手紙を出している。この日の宿は奈良の今御門町の白金屋清三郎宅であるが、「夕飯しもふ頃、はや當所の名物に候とて、墨やかな物やさらし売、又は所の絵図名所附などもち来りて、しばらくつかれを妨げる」とある。奈良の名物を宿まで持参し、その押し売りにつき合わされている。

次の「五日　奈良見物所　六十四丁、ならより大野迄、十里」では、「小男鹿のいくらともなく群り集り、谷にのみ草に戯れ、参詣人の跡を追てせんべいを求むるに似たり」とあり、南都奈良では鹿が梅園らに群がりせんべいをせがむ姿は、今と同じ情景であった。

十三日の京都見物の「五里ばかり」では、

先内裡へと忘ける、外ほりは水浅くたたへて松をうゑたり、公家の門ふかく洞にして、かなたこなたと教られ、爰にて案内やとひ、東門俗に日の御門といふ仙洞、この南に居まして藐姑射《はこや》の山（上皇の御所）ぞ常盤なる鴨川の水、この堀にわずかに流るるのみ、南門ふかく鎖して、清涼殿の棟ほのかにみえたり、西のかた紫宸殿を望み、西門は洞に開たり、のぞきて内をうりたへて窈窕として物静なり、誠に人間天上の文物を詠る事の有がたく、いみじくぞ覚えける、徳に在て険にあらず、堯階三尺とかやいふ、城高きにあらず堀ふかきにあらねども、千年の星霜をへて、北極魏魏として移らず、四輔三台めぐりめぐって衆星のむかふごとく、今尚むかしに異ず、異國羯鼓の生臭き、朝に犬洋《羊カ》と称し、夕部に君主と称すると、日を同して語るべけんや

鹿に「しかせんべい」をせがまれる筆者。梅園の時代も，同じような光景が拡がっていた

とある。

梅園はまず内裏見物に出かけている。案内人をやとって、東門から南門へと回っている。門の外から清涼殿の棟をわずかに見て、西側の紫宸殿を望んでいる。西門は開いていて、内を伺った。そこは奥深くて、もの静かである。そして、「誠に人間、天上の文物を詠《ながめ》る事の有がたく」とある。人間とは梅園、自分達のことであり、天上とは天上人、天皇を初めとする公家やその住まい、建物などをながめその

想いにふけることは、有がたいことだという。天皇の政治（仁政）は、徳で治めるものであり、権力で支配するものではない。皇居の周辺を巡らす堀は三尺（約九一センチ）といわれ、外堀は水浅く、千年を経ても北極、つまり全ての中心である天皇は、少しも移らず。異国（エビス・中国）の太鼓のように、生臭く、権力で人民を支配し、王朝を倒す皇帝と、天皇（北極星）とを同列に論じてならないといっている。

梅園はこれまでの行程で、広島城や岡山城・大阪城を見てきたが、その紹介はあまりない。権力の象徴である城の構造・大きさなどについては、関心を示していない。

先述の田口博士の『三浦梅園』にも、このことを記して「梅園が朝廷に対して抱いていた崇敬の念が察しられる。当時勤王論が漸く起ころうとし、賀茂真淵などが国学を唱道していたころであり、本居宣長は梅園より八年の後輩であった」（九十一頁）という。

なお田口氏以前に梅園の尊王について着目したのは、大分県出身の東京帝国大学教授高田眞治博士である。昭和十三年は梅園の没後一五〇年にあたり、地元東国東郡教育会・同郡町村会と西武蔵村の合同主催で、「三浦梅園先生百五十年祭」を執行している。また東京においては斯文会主催により同祭を執行し、雑誌『斯文』は記念号を発刊している。同誌に発表したのが、「三浦梅園ノ思想及学風」である。また梅園先生百五十年祭執行委員会では、これらの講演筆記類を集め昭和十九年一月に、『梅園先生百五十年祭記念講演集』を発刊している。

なお題目は若干異なるが、高田氏は引き続き梅園の学風を「三浦梅園の学風と南豊の儒学」と題し発表し、『徳川公継宗七十年祝賀記念　近世日本の儒学』に収録されている。また翌年七月発刊の自著『支那思想と現代』においても、梅園の思想及び学風を収めている。

高田氏は前著「三浦梅園の学風と南豊の儒学」の中で、『東遊草』文中の京都御所を拝観した時の記事を引用したあと、「支那の易世革命、君臣其の位を易ゆるといふ様な風とは違って、永久に渝らない我が國體の精華の存する處を謂ったのである。」と述べている。また、梅園の主著『贅《ぜい》語』や『玄語』の文中を引用して、日本と中国の違い、皇室の尊厳を示していることを紹介している。

梅園の、朝廷に対する崇敬の念や神に対する尊崇の精神は、伊勢神宮の参拝記事でも伺われ

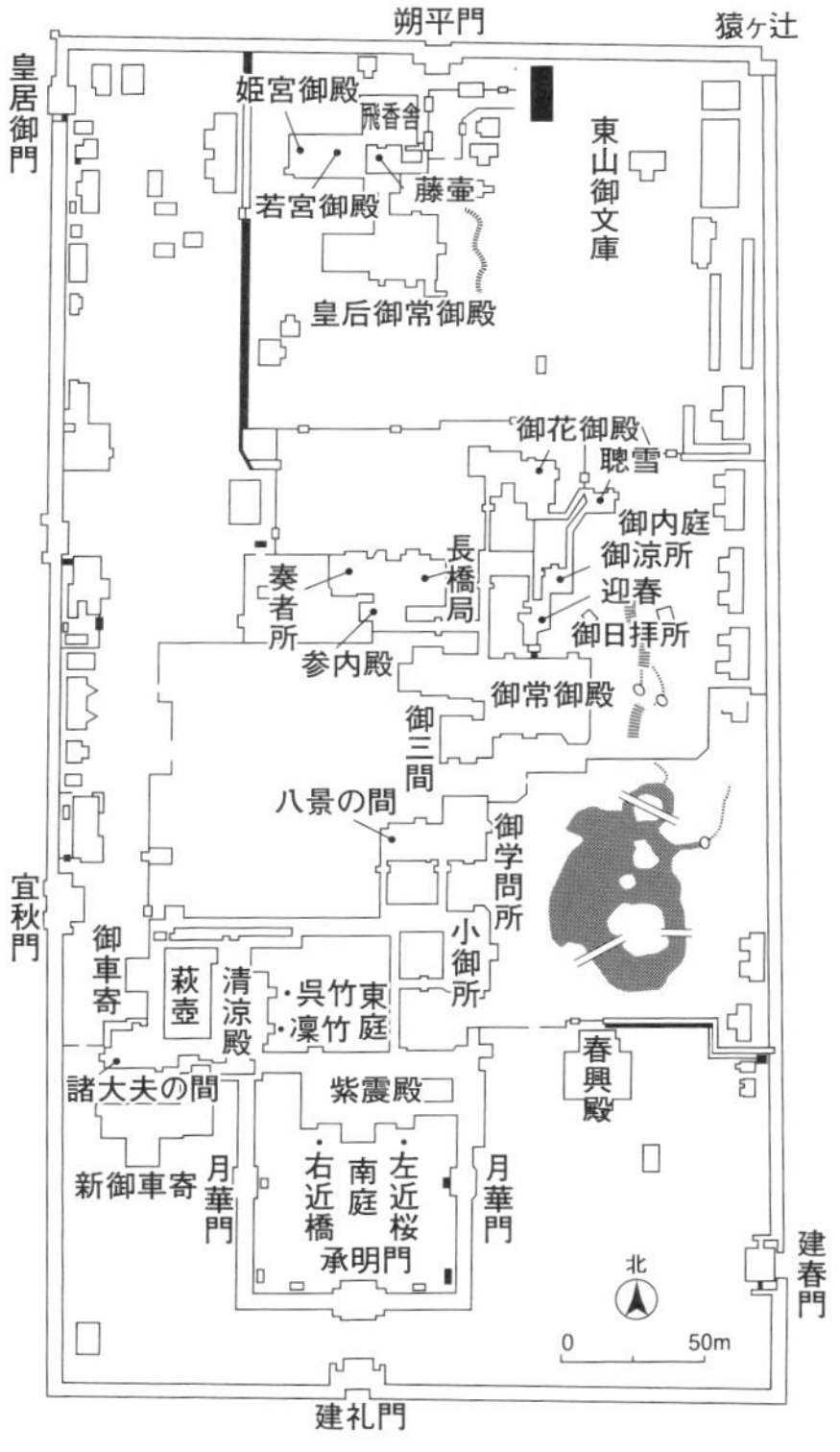

京都御所平面図

る。つまり、「八日」の外宮参拝の折のことである。「外宮へ参りぬ、去年遷宮有て、宮の金碧日に映じ、霞をおこすににたり、是國常立の命にして、誰かその澤に浴せざるものあらんや」とある。なお、伊勢神宮の外宮に祀られている神は、「豊受大神」である。去年、つまり梅園が参宮した前年、第四十九回の式年遷宮があり、檜の香りも新しく千木《ちぎ》・勝男木《かつおぎ》の金碧も、太陽に神々しく輝いている。まさに雲の上、霞の掛かる程で、ご祭神の恩恵等しく皆々に行きわたっている。

また続いて、「何事の内に有かはしらねども、忝さに涙こぼるること西行法師のよみし如く、かしこまるしで(紙垂)に涙のかかるばかり、有難くおぼえたり」とある。梅園は正宮近くに恐まり、玉串をささげたのである。玉串に付く紙垂《しで》が、有り難さのあまり涙でぬれている。

西行法師の和歌を引用しているが、西行は平安末期の歌人で、「新古今集」の代表歌人の一人。俗名、佐藤義清。鳥羽上皇の北面の武士であったが、二十三歳の時出家して、諸国を行脚。晩年は伊勢へ移住し、神宮の神官に和歌を指導した。

西行の本来の歌は、「何事のおはなしますをば知らねどもかたじけなさに涙こぼるる」である。西行はこの歌を内宮で詠んだのであるが、梅園は外宮のご正殿を前に（正座して）拝していると、かたじけない気持ちで身も振るい、ただただ涙が自然とあふれてくるのであるという。

左の図や次の頁の図で最も注目すべきことは、江戸時代の民衆は玉串御門前まで進み参拝していることである（現在は不可）。また正面を囲う柵・玉垣沿いに、末社遙拝巡りの小社群が

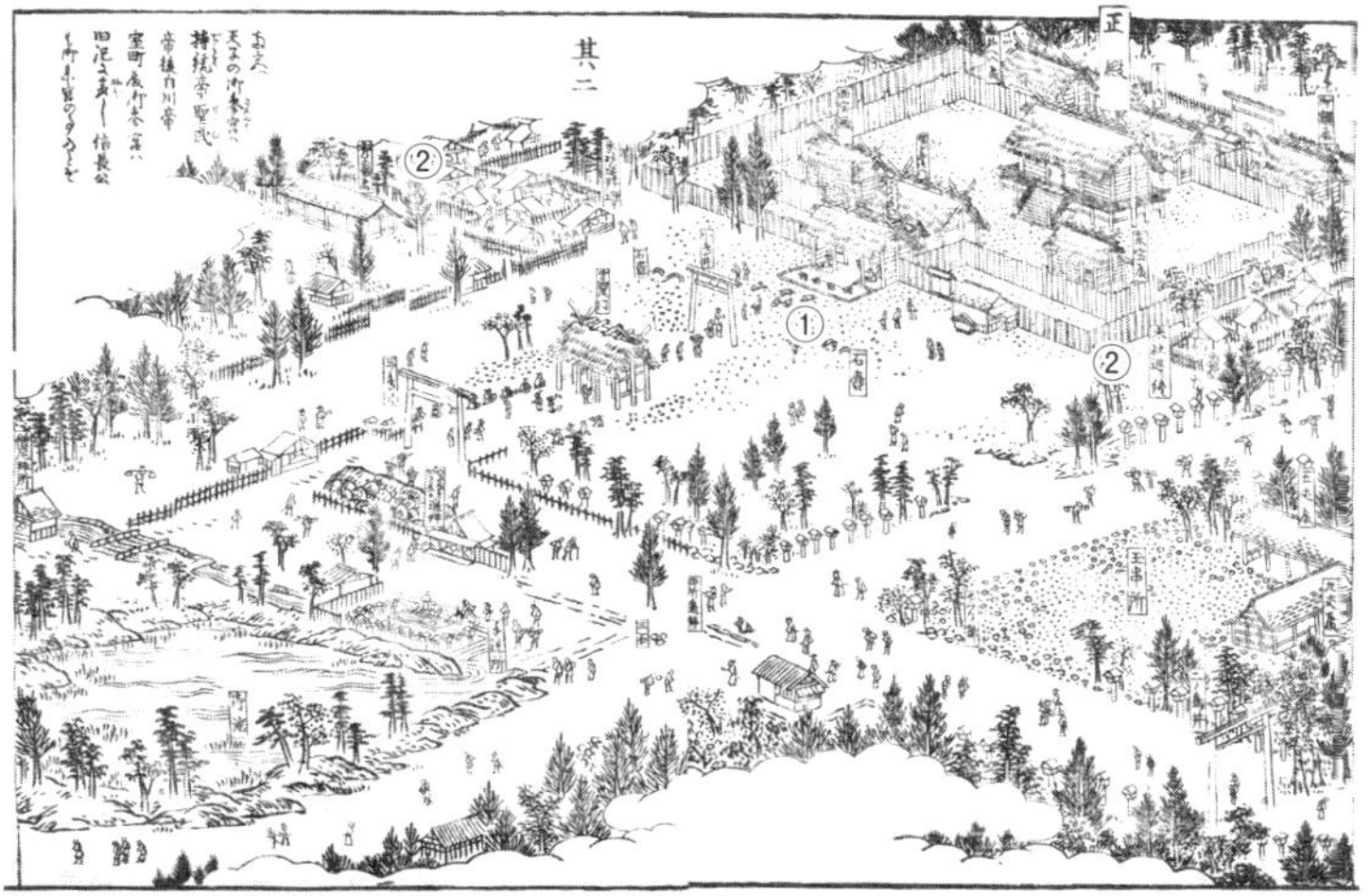


外宮宮中之図其二（『伊勢参宮名所図会』）。番号は筆者
①は玉串御門前の民衆，②は末社群

配置されていることである。現在の外宮の配置図と比較してみると分かるように、正殿・瑞垣南御門・蕃垣御門・東宝殿・西宝殿・外幣殿・御饌殿や小鳥居・第四御門・三鳥居などの配置（名称が異なる部分もある）は今と同じであるが、これらを囲む板垣・外玉垣・蕃塀などがない。

玉串御門の前では、玉砂利の上を跪いて拝礼する人々が描かれている。土座礼は、今日の日本ではほとんど見られなくなったが（神宮の祭典で、神職の拝礼あり）、当時はこうした最も敬虔な拝礼法があった。梅園も、こうして正殿を拝している。チベットの五体投地、中国・韓国の膝突礼に通じるものか。

なお西行は仏門にて、実際は正宮へは近ずけず、五十鈴川対岸の「僧尼拝所」での参拝であった。

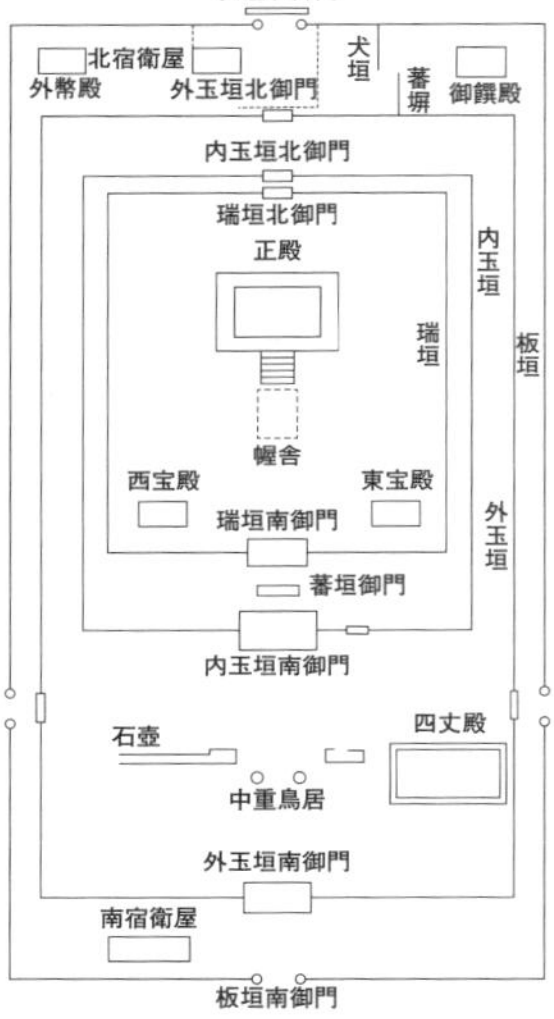


右：豊受大神宮御垣内平面図
左：外宮宮中図其二［部分］（『伊勢参宮名所図会』）。「玉串御門」の前で参拝する人々の姿が見える

なおこれについては、抜け道もあったようで、丸ぼうず頭は一見して僧侶と判断されるので、頭に毛をつけ（カツラ）一般人と混って参拝することもあったようだ。俳人松尾芭蕉も、参拝を阻止されたという。

そんな中で、参拝をとがめる者がいない状況下で、堂々と正殿近くまで参拝した者もいた。それは『日本九峰修行日記』（『日本庶民生活史料集成』第二巻所収）の著者、野田成亮である。本書は解題によると、「日向佐土原の修験野田泉光院が、文化九年九月三日発足以来、文政元年十一月六日に帰着するまで、六年二カ月にわたる長い旅を続けて、海内諸国の名山霊蹟を巡拝した、その日々記である」という。この九峰とは、英彦山・石槌山・箕面山・金剛山・大峰山・熊野山・富士山・羽黒山・湯殿山である。同日記の第五巻文化十四年（一八一七）十二月二十三日には、野田泉光院一行は神宮直前の「ヲバタの宿」で泊まっている。そして翌二十四日の条には、次のようにある。

廿四日　晴天。大神宮へ當所より掛け参りす。朝辰の上刻立ち、先づ外宮へ詣で、天の岩戸内宮の方へ下り、宇治町の内法楽舍とて内宮納經の判出る寺あり。夫より内宮へ詣づ、寒中故参詣の者一人もなし、間の山乞食共一人も出でず、八十末社も社主一人も居らず、内外共剃髪の者神前迄参りても咎むる者もなし。

内宮では、十二月下旬の寒中ということで参拝者が一人もいなかったようだ。ゆえに八十末社の神主も一人もおらず、剃髪の者が神前まで近づいても、それを咎める者が誰もいなかったという。その日野田一行は、小俣へ帰宿し、翌日は二見が浦から朝熊山へと登っている。また梅園は伊勢への途中、奈良の石上《いそのかみ》あたりで、生駒の山々を遠望しながら旅行く武士に、「楠が千早の城の跡」などを尋ねている。南朝で活躍した楠正成の、千早・赤坂城の所在を確認している。

## 三　日田郡内河野村庄屋の参宮

（表紙ウワ書）「安永四年未七月、伊勢社参道中日記・田辺仁郎次」（日田郷土史料第十五回

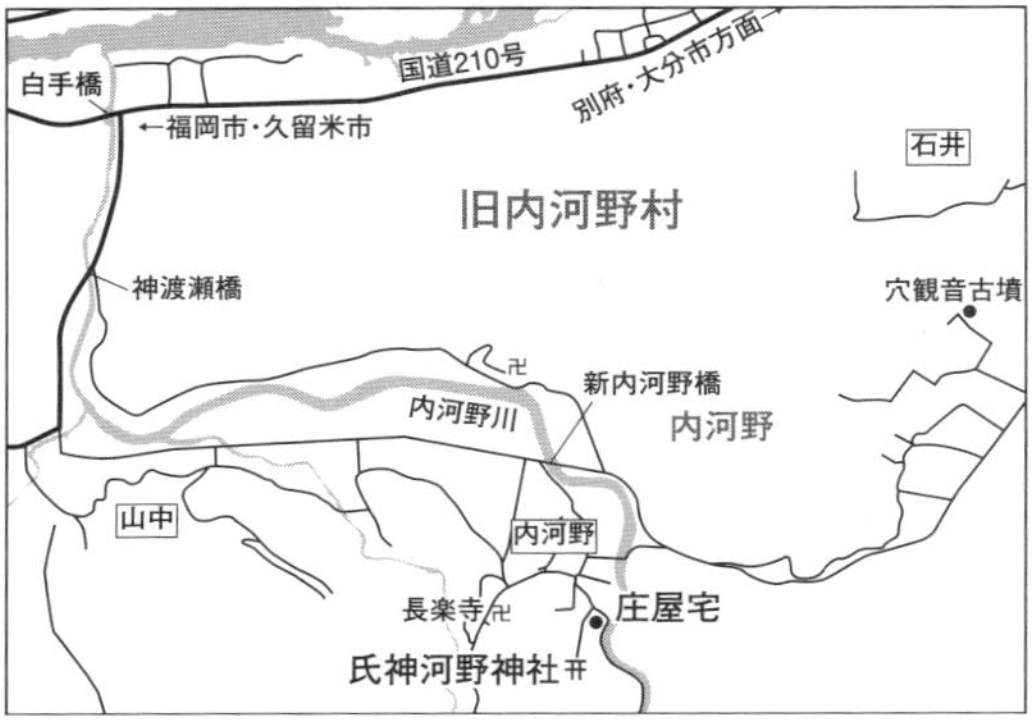

日田市内河野周辺

配本、『諸家日記二』）をひもとき、伊勢参宮をみていくこととする。本書の解題によると、「安永四年（一七七五）七月十六日から九月十日までの参宮道中日記で、盂蘭盆会が終わってから秋の収穫・根付の忙しくなる頃までの比較的閑な五十四日の旅行記」とある。なお筆者の田辺仁郎次は、日田郡内河野《うちがの》村（大分県日田市の大字・公領で高瀬筋に所属、村高は「正保郷帳」では、四四五石余）の庄屋である。

仁郎次一行十人は、七月十六日宿元を出立し、「小石原」（福岡県朝倉郡東峰村の大字）で一宿。翌日は「小倉添田町法光寺」（田川市川宮にある真宗寺。浄喜寺と並び豊前地方における大谷派の中核）に参詣。小倉城下に九ツ（正午）過に着き、船で「関」（山口県下関市）に渡り一泊。十九日は亀山八幡宮に参詣し、九ツ過ぎには長府城下町を通り、「吉田町」（山口市の大字）から「福田村」（山陽小野田市の大字）に至り一泊。二十日は「小郡《おごおり》町」で一泊。「町中に追訳（分）あり、右ハ大坂道・左ハ山口道」とある。

次の日一行は、この追分の左りへと進む。「山口大神宮（今伊勢）」へ参拝。同社は九州でも知られた伊勢神宮の分社で、少し寄り道にはなるが参宮者は大抵の場合、「山口大神宮」にも参詣している。同神宮は、戦国期の武将大内義興が永正十七年（一五二〇）伊勢大神宮の分霊を勧請したものである。広田暢久氏の「山口大神宮と同遙拝所の建立」（季刊『悠久』第五十三号）によると、「山口大神宮に参拝する者は、何といっても九州の人が多かった。九州の人にとり、伊勢はあまりにも遠い所にある神社であった。そのため、九州（特に筑豊地方）では、「一生に一度は必ず山口大神宮に参拝せねばならぬ。山口大神宮に参拝した娘でなくては嫁にもらわぬ」とまでいわれていたという」とある。

日田市大字内河野

山口の手前「湯町」（山口市湯田温泉）を通り、それより「山口ニ参候、山口ハ二社（内宮・外宮）御宮弐間四めん、右にきおん（祇園）社、是ハ大社ニ御座候、宮立もけっかうに御座候、山口町長き殊壱りも可有之候、至極はんくわの所と相見え候、此中ニ而中喰仕候」とある。この山口の二社とは、山口大神宮のことで、古くは高嶺《こうのみね》大神宮ともいい、「今伊勢」ともいう。同日は「宮市」の防府天満宮に参詣、宮市で一泊。「此町中ニ山口ニ不寄参候ものも出合申候」とある。

翌二十二日は、「ふく川宿」（周南市福川）まで行くと、同行中が船に乗りたがるので、船を借りることにした。田舎者・山

嚴島神社（厳文26041号，
新谷孝一氏撮影）

国育ちは船が珍しく、船旅を皆希望する。二十二日の日記には、「同行中舟にのりたかる殊限りなし」とある。しかしなれない船上では、船に酔い、べっこうをあげ、夕食を食う者は一人もいなかったという。寛延三年（一七五〇）に豊後富来《とみく》から伊勢参宮した三浦梅園らも、途中で船を利用している（前述）。

二十五日は船から降り「岩國はし」の見物に出かけている。二十六日は宮嶋の嚴島神社（広島県宮島町、延喜式内名神大社、安芸国一の宮）他を参詣した。二十七日は、音戸の瀬戸を通り、二十八日は尾道（広島県尾道市）に逗留。二十九日は鞆《とも》（福山市大字鞆）に逗留。晦日は四国の讃岐・多度津（香川県多度津町。香川県北西部に位置する京極家一万石の陣屋町。天保年間に港が拡張され、多渡津街道は金刀比羅参詣のため、人と商品の往来で繁栄した）に逗留。八月朔日は金刀比羅宮（香川県琴平町）へ参詣している。そして丸亀城を遠望して「下津ゆ」（下津井港、四国への渡海場。金刀比羅詣の起点としてにぎわった）に渡っている。ここで下船して、二日は「備中国宮の内」で一泊。

三日は、岡山城下に早朝の内に着いた。さすがに百姓だけあって、処々の水田・田作りの様子が気にかかり、作物の話が点々と記されている。また川を渡る川舟をなるたけ利用せず（船賃を浮かす）、付近の浅瀬をさがし徒士渡りをしている。その日は有名な備前焼きを見物

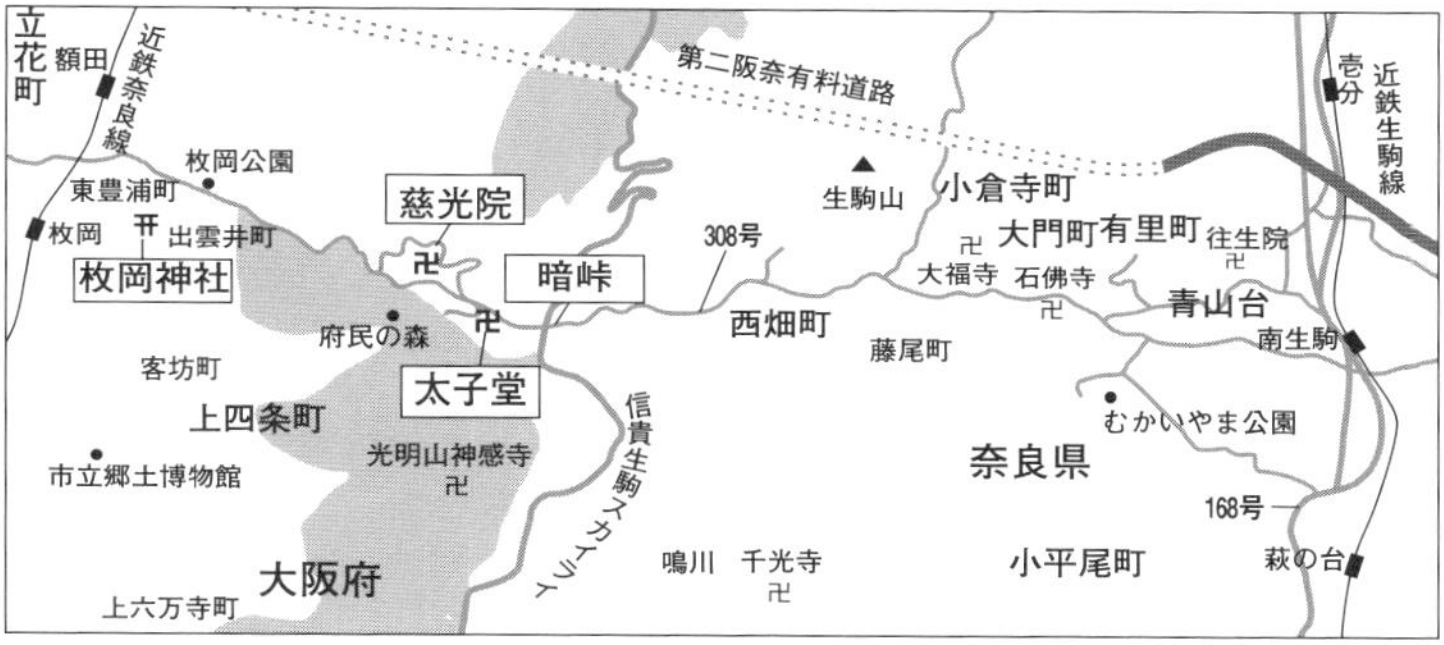


奈良街道

し、「亍カミ」（岡山県備前市）で一宿。

四日は三石《みついし》（備前市の大字）から「う袮」を通り、「いかるが」（兵庫県太子町大字鵤《いかるが》）で一宿。五日は、いつものように朝七ッ（午前四時）に出立し、「書写山」（姫路市。山頂の峰々には、円教寺の伽藍が立ち並ぶ）に行く追分があったが「夜内ニ通リ候ニ付、相しれ不申候而、姫路町の入口迄行」き、それより引き返し書写山へと参詣した。行き帰り、二里程のロスであった。昼食をすませた一行は、それより姫路城下（姫路市）へと着き、城の規模・大きさに驚いている。「そね町」（高砂市曽根町）で一宿。

六日は石の宝殿・高砂《たかさご》の松・柿本人麻呂の宮などを見物し、明石（明石市）で一宿。七日は一の谷・二の谷・三の谷・須磨の茶屋で小休止。須磨寺へ参詣し、「大坂」にて一宿。八日は大阪に逗留し、名所・旧跡見物に出かけている。

九日は大阪を出立し、「暮かりとうげ」（暗峠）を越えて奈良盆地に入っている。この峠は、「だい（大）坂上り五十町余、大難所しん（深）山、坂けわしき、殊かくめきより大難所」という。自分達のふるさとと日田盆地から英彦山神宮への道、「岳滅鬼峠《がくめきとうげ》」に比べさらに難所だという。暮れてから奈良に着き、猿沢池の側で一宿。

次の十日は、早朝より案内人をやとい、春日大社・奈良大仏・興福寺南円堂の焼跡など、古都奈良の名所を種々見物してから朝食。それより三輪へ向けての旅を続けた。「三輪町」（奈良県桜井市）では、名物の「そうめん」（素麺）を食べている。奈良盆地の冬は、空気が乾燥して夜は冷え込む。おいしさの秘訣は、原材料だけではなくて、製造時期の十一月から三月のこうした気象条件に負うところが大きい。農閑期の農家の副業として生産されてきたそうめんは、二日間の行程を経て仕上がったのち、蔵で長期間保存される（二、三年）。その味と製法は参宮者により播州揖保《いぼ》や小豆島《しょうどしま》へ伝えられ、そうめんの産地として知られている。街道は人や物のみならず、文化など様々な情報を運んでいく。

一行は次に長谷町（桜井市初瀬《はせ》町）に入り、長谷観音に参詣。この町で一宿。

十一日は、「はい原」（宇陀市榛原町）で休み、それより追分を青山越えと進み、名張宿（三重県名張市。名張盆地の中央部に位置し、初瀬街道の要衝。宿場として栄えた。津藩藤堂家一門の居館があった）で昼食。「阿保《あお》町」（伊賀市阿保）から上り一里、「伊勢地《いせじ》」で一宿。十二日は「三軒茶屋」より「松坂」を経て、櫛田（松坂市櫛田町）で一宿。十三日は、「宮川」の側の「明星」（多気郡明和町の大字）につき、御師宅につく予定が同行の内二人が大阪より分かれ追付かないので、「中川原」で宿をとり待つことにした。

十四日は、いよいよ伊勢である。四ッ前（午前十時）には大夫宅へつき、手代の吉田儀左ェ門が挨拶に出てきた。まず玄関の左にある座敷で、神酒を頂戴した。庄屋の日記には、まぞ大夫屋敷の様ニを記し（「大小の座敷数廿六間有之候」）、そのあとお供代・方入・御初穂それぞれに分けて、計拾九匁五分ほど大夫へ差し上げている。そして、大夫宅での昼の料理内容（品目）を列記している。ちなみに、伊勢で最大の規模を誇った三日市大夫の邸宅は、客室数三十二、畳が合計二八八・五という。

大夫宅でのまず最初の料理

一吸もの　切餅計
　但味噌ニして
　酒
一吸もの　そうめん
　酒
一かさ喰
一けなくり
一にもの　干あわび
一なます　す丶き小皿ニ作り
　しやうかす
一大皿引　たい片セキリ

につけ

酒三こん

大夫ノ座敷廿六間有之候

中喰

一茶付

一あおなひたしもの

ちくこ

一たいのさしミ

ためす

酒

すゝりふた

生あわび

干あわび

干たい

こりにんにく

こんぶ

ここでは「大夫」とのみあり、御師銘が記していないが、豊後一円を縄張りとした「福嶋御塩焼「八六」でゝあろうか。

当日はあいにくの大風雨にて参宮もままならず、大夫宅にそのまま逗留。そして夕食前に「けうすい」（行水）の案内があり、皆々ゆっくりとした。日記には風呂場の詳しい説明がある。夕飯の料理説明は、次のとおりである。

夕はん御料理

一御汁　とうふさいのミ

一鱠　すゝき

　　大根

　　しやうか

一つほ　テんこん

　　かうりこんにく

　　あをミ

一引もの　あわひ二切れ

　　但あつミハ九分程

一はまやきたい　壱尺二寸

一二ノ汁　すゝき

　　但もろセきり

一鱠　若め
　　たい
一さしミ　すゝき
　　たい
　但二せんにもり付かいしき
　　しゃうかよくす

庄屋一行は大夫への奉納・礼金のみならず、座敷役人や給夫・案内にも、それぞれご祝儀をつかわしている。同日晩には菓子が出され、吉田儀左衛門よりも別に「まん中三十二ヶ」が箱入りで差し出されている。この吉田氏は、恐らく日田地方の回村を担当する御師の手代であろう。

外宮正面（神宮司庁提供）

また夜具・蚊屋の説明も、こまごまとある。酒と夕飯のもてなしが終わると絹の蒲団が出され、それにつつまれて眠った。当時の村里では、畳敷きの部屋があるのは庄屋クラスに限られ、一般には板やスノコ敷きである。絹蒲団の重ねで眠るなど、ほとんどの者が初めての体験であったと思われる。

十五日は、まず「下宮」（外宮）へ参詣した。座敷役人が言うには、参詣にあたっては馬を皆に出すから、また代表者（庄屋）には駕籠を出すからと。そこで拙者（日記の筆者）が言うには、前に参宮した者の話では、馬子どもが酒手をくれとせがむので、結局大夫の馳走にならないのだと話す。しかし、そのようなことは決してさせぬと言うので、馳走になった。前日は、殊のほかの大水で、宮川も舟渡しができずじまいで、伊勢の町は大方水につかり、床上一尺ほどであった。朝熊橋は途中から落ち、三十年来の大水であった。

寛文２－３年（1662－63）山田惣絵図［部分］（神宮文庫蔵，復刻版『山田惣絵図』より）正殿周囲の建物は「四十末社」（小祠）で明治初年に撤去された。南（図上）の「岩戸山」は高倉山古墳のことで天の岩戸と見なされていた。土宮，風宮，岩戸，高天原は筆者が追加（『別冊太陽伊勢神宮』）

十五日は晴天になり、外宮へ参詣。末社巡りでは、「気も心も落付不申、拝してハ只走り廻り〳〵、委敷見物相成不申、漸々走り出、夫より御山ニ上り、あまの岩戸・高まが原ニ参詣仕候」とある。末社には社人がおり、何これと散銭をせがむので、あまりにもあわただしい四十末社巡りであった。それより土宮・雨宮・風宮から高倉山に登り、天ノ岩戸・高天原に参詣している。

　ここで注意したいのは、現在の伊勢神宮では表記されていない神社名（雨宮）が登場する。土宮と風宮は「山田惣絵図」（寛文二―三年）にもあり、現在の位置と変わらない。では、雨宮はどこなのか、本絵図の正殿の右側に「忍穂井《おしほい》」とある。現在の、「上御井神社《かみのみいじんじゃ》」である。また土宮の近くには、「下御井神社《しものみいじんじゃ》」も祭られている。庄屋らは、恐らくこの下御井神社にお参りし、「雨宮」と称したのであろう。

　それよりまた馬・駕籠に乗り内宮へと参る。内宮でも八十末社を走り回り、それより「朝熊《あさま》」に上っている。その途中、「大夫の茶屋」で休む。この所よりは、伊勢の海が全て見えた。晴天には富士山も見える由。「遠目がね」が、台に掛けてあった。ここで昼食の馳走。日記にはこの昼食や十五日晩の料理、十六日の朝食と、全ての品目が列挙されている。一生に一度のご馳走でもあり、記念にと残らず記したのである。

楠部峠（『伊勢参宮名所図会』）。遠めがねをのぞき込んでいる参詣者の姿がわかる

十五日　晩御料理

一汁　　とうふ

一なます　うり
　　　大こん
　　　たい

一つほ　切こんぶ

一焼もの　いな大皿引

　　　二汁

一汁　　をはやけ
　　　牛房
　　　なすび

一さしミ　すゝき
　　　たい
　　　ちくすしゃうが

一かんへうきなこあへ

〆

一、同十六日　朝御料理

一朝茶

一茶おけ　あつき餅

重一段

一汁　とうふ

あをミ

一平　山いも

れんこん

（蓮）

ひたしもの

一ちょく　切こんぶ

あをミ

一あわひ　かいやき

花かつお

〆

外

一御くわし　壱ふくろ

味については何も表現されてはいないが、常日頃口にしたこともない珍味・海産物に、どう表現したらいいのかも分からなかったのであろう。旅の日記には、道中の旅籠での食事のことは何もないが、御師宅の馳走の品々は細かく記されている。まさに、記すに値する品々であった。

次に、御師宅での豪華な料理の数々、田舎者にとっては恐らく初めての食事が再現されているので、紹介する。

## 御師料理を再現する

御師料理についての文献は、わずかに残る献立帳や当時の旅の日記からうかがい知ることができる程度です。お膳に並べられたものが順に書かれているだけで、味付けの仕方、盛り付けの仕方などの調理法は、現代の料理本のように詳しく書かれているわけではありません。この度、神宮会館山下料理長が様々なお伊勢参りに関する文献をあたり、苦労の末、御師料理を再現しました。

本膳の黒海草とは、ヒジキのこと。鬼灯とはホオズキのことで、毒消しとして使われているそうです。百合はユリの花を食用に煮たものです。また米も当時は貴重なものでしたので、三分づきの玄米を使いました。

二の膳の鯛切身は塩焼きにしました。藤豆とはインゲン豆の呼び方です。九年母（くね

二の膳

本膳

伊勢海老蒸焼き

鯛の浜焼

白木案　長芋乾竹、鯛切身
籠詰　　樫の実、季節の花
小判型　人参花切、茄子漬
猪口　　藤豆胡麻和え
二椀盛　鯉、九年母《くねんぼ》

皿：黒海草《ひじき》、大根細切り、鮃、
　三島海苔、鯛刺身、青酢鬼灯《ほおずき》
壺：枸杞《くこ》、百合
小皿：山椒、焼塩
汁椀：白味噌、豆腐采切《さいぎり》
飯椀：三分づき玄米

三の膳

飯櫃　湯桶

四ツ足　鳥羽盛《とりはねもり》
茶碗盛　蒲鉾太切
椀盛　魚、海草の雑煮

んぼ）は九州産の柑橘です。

三の膳の四つ足という器に盛りつけたのは、野鳥の肉をその羽で飾った料理。文献によっては、鶴を使っていることもあるそうです。

今回は器のバランスからヒヨドリを使いました。雑煮の海草には、古来から新年の飾り物として使われた神馬藻（ホンダワラ）を縁起を担いで使い、魚は本来アラという魚で、仕立てられました。しかしアラは今では手に入りにくいので、アイナメで代用しました。鯛や伊勢海老は大皿で皆に分けられたようです。湯桶の中身は酒です。このような豪華な器で注がれた酒を飲めば、旅の疲れも一気に飛んだことでしょう。ちなみに米櫃の中には、赤米を炊いたご飯が入っていました。

（『伊勢神宮崇敬会だより　みもすそ』第十九号）

十六日の「朝御料理」を記した後、「大夫様御出、御さか付（盃）被成候」とある。庄屋一行は、この日初めて大夫と対面している。東北・関東方面の参宮者のごとく「神楽奉納（最低でも十五両必要）」があれば、その後で大夫の挨拶や祈祷の祝詞があるのであるが。大夫から盃を下された庄屋は、大夫の様子を冷静に観察して、次のように表現している。「たまむし色のかりきん（狩衣）・折ゑほし（烏帽子）、侍弐人付、おん歳頃十六七才と相見へ申候」。そして、「色くろくふきりう（不器量）ニ候」ともある。

神宮の御札配り・回村は、御師自身が全国の壇那場（縄張り）へ毎年巡回するのは不可能であり、通常は御師の手代が手分けして各村々を回ることになる。そこでは太神宮の神の使いとして丁寧にあつかわれ、地方によっては「佐渡では、御師のはいった風呂の水を薬として呑んだ」（小林計一郎氏「神宮の御師」四十九頁、『瑞垣』第一一二号所収）といったこともなされたという。

ここでは、初めて大夫自身にお目にかかり盃も頂戴しているが、その印象を素直に表現している。大夫方では、帰りの日中川原まで見送り、「さとうもち（砂糖餅）一組、酒肴」の馳走があった。その日は、松坂で一宿。

十七日は「六軒茶屋」より「津の町」（三重県津市）を経て、「高田御門跡」（三重県津市一身田町、真宗高田派専修寺）を見て、「くぼ田」・「むく元」を経て、関（亀山市、宿場町として繁栄）で一宿。十八日は鈴鹿越えをして、「水口《みなくち》」（滋賀県水口町）から石部（湖南市石部、東海道の宿駅）まで行き一宿。十九日は石部より草津を経て、瀬田橋の茶屋で昼食。荷

三条橋（『伊勢参宮名所図会』）。①–⑥は筆者。①伊勢参宮の帰りに京へと向かう婦人３人連れと従者（荷物持ちの男），②四条橋側の定設の芝居小屋，③八坂神社，④祇園の繁華街，⑤清水寺，⑥方広寺大仏殿

物を茶屋に預け、「石山寺」（大津市石山寺にある東寺真言宗の別格本山）に参詣。それより三井寺《みいでら》（園城寺《おんじょうじ》、大津市園城寺町にある天台寺門宗の総本山）に参詣。膳所《ぜぜ》の城下（大津市）を通り、大津に出た。それより京へ向け山科を経て、五つ時分（午後八時）に「京三条」に着き一宿。

二十日は案内人を雇い、名所・旧跡を見物した。二十一日も案内人と共に、京見物。二十二日は比叡山（天台宗総本山延暦寺、日吉大社がある）に登って、その後高台寺（京都府京都市東山区にある臨済宗建仁寺派の寺。豊臣秀吉の夫人高台院湖月尼の開創）の座敷を種々見物（銀三匁）。

二十三日は京を立て宇治（水陸交通の要地、宇治茶の産地として知られ、江戸幕府の保護を受けた）に行き、「大はく（黄壁）山」（万福寺、黄壁宗《おうばくしゅう》の総本山）に参詣。

高麗橋虎屋春繭店（『摂津名所図会』）。高麗三丁目にあった有名な饅頭屋

それより「矢わた八まん」（石清水八幡宮）に参らんとして、「八わた町」に一宿。二十四日は、石清水八幡宮へ参拝。通常多くの旅人は、伏見から船で大阪まで下っている（宇治や石清水には立ち寄らない）。日田の一行は、「大方ハ舟ニのり候得共、同行中ハのり不申、川ニ付土手の上計下り申候」といって、徒歩で大阪をめざした。

　二十五日は、まず「住吉四社」（住吉大社。大阪府大阪市住吉区住吉。延喜式内名神大社。摂津国一宮。全国住吉神社の総本社。和歌の神として信仰され、住吉造の本殿は国宝）へ参詣。「大坂より住吉之間、弐リ半畑計。作りもの、わた（綿）計ニ御座候」とある。それより堺町に行き、「妙国寺」（堺市材木町東四丁目。日蓮宗。俗称蘇鉄寺の呼称を生んだ大蘇鉄がある）に参る。町では、鉄砲細工を見物。この日は「木のみ宿」で一宿。

　二十六日は高野山（和歌山県高野町）へ登っている。そして大名衆の石塔ばかりの中を通り、奥の院へ参詣。下山して「しみず」（清水谷、奈良県高取町の大字）で一宿。二十七日は、しみずより堺・住吉を経て大阪にもどる。二十八日、二十九日は大阪に逗留し、買い物（お土産・依頼品など）をした。

八月晦日は荷栫を済ませて八っ時（午後二時）に、安治川御番所の下で船に乗り込んだ。
九月朔日は船が出航しないと言うので、大阪に上がり「三つ井」（越後屋）・「こうの池」（鴻池）の大店《おおだな》見物をして、船に帰り一宿。三井呉服店は堺筋高麗橋通りの老舗（大阪市中央区高麗橋）で、この通りには他に、富山家・岩城屋・河内屋などの大呉服店が集まっていた。越後屋三井が、一番の大店。

三井呉服店（『摂津名所図会』）。三井呉服店は三越百貨店の前身

二日は六っ時（午前六時）出航し、赤穂城の南まで走った。そして六日には、家室《かむろ》で一宿。この日は細川侯の御迎舟に出合い、その様子をこと細かく記す。そして八日には、中津に昼八っ時（午後二時）入船。

九日は荷物の整理をして、自宅まで荷送りを依頼した。そして宇佐宮へ参り、「末村」（大分県宇佐市大字末）で一宿。十日には羅漢寺に参る。「一戸《ひとつど》」（中津市耶馬渓町宮園）で昼食をし、「石坂」（日田市大字花月《はなつき》、日田から中津を結ぶ伏木峠には、長い石畳がある）にて夜明けを迎えた。「秋原」（同市大字花月のうち）で朝食をすませ、髪を整え月代《さかやき》（神社に参拝する前や長旅を終え帰宅する前は、身だしなみを整えている。当時髪結い料金は全国同じで、二十八文）を剃るなどした。そうこうしている内に、村から出迎えの者達が参り、九っ前（正午）には寄合所で帰村の届けをした。そして「居村近村より大明神ニて、坂迎有之候ニ付」とある。村の氏神大明神にて酒迎えを受けてから、八っ過（午後二時）に無事同行十人は、五十五日ぶりに帰宅し、一家中集まって祝いをしたとある。

同行十人は、道中日記には記されていないが、出発に際して日田市郡の総氏神大原八幡宮（日田市大字田島に鎮座。旧県社）で道中の安全祈願を受けている。「安心院家文書」（『諸家日記』三）によると、「今十五日伊勢参宮出立の輩、旅中安全の御祈祷これ有り候事」とある。

## 四　大分郡高城村庄屋の「伊勢参宮日記」

大分県内の伊勢信仰・伊勢参宮をまとめた論文・参考文献は、数少ないのが現状である。また、参宮日記などの資料（史料）紹介も限られる。このことは、福岡・宮崎・佐賀県などでも同様である。

例えば宮崎県内では、「宮崎県民俗学会」副会長の前田博仁氏が『みやざき民俗』第五十二号で、塚原村（現諸塚村）の元治元年（一八六四）の「伊勢参宮日記」を紹介している。さらに『宮崎県史研究』第十三号所収の「日向国における庶民信仰」では、日之影町七折の甲斐源吉が記した万延二年（一八六一）の参宮日記を紹介している（この時点で前田氏は、宮崎県内で参宮日記を四例確認している）。

さらに同氏は、『みやざき民俗』第六十一号所収の「日向国における伊勢御師御炊大夫」では、日向国で十点の参宮日記を確認しているとあり、その中に高千穂町内の参宮日記類も含まれているが、具体的な中味の紹介はない。

大分県内では、先に筆者が大分県地方史研究会の会誌『大分県地方史』第二一九号及び第二二〇号に、三浦梅園の伊勢参宮日記つまり「東遊草」を解説した専論（「三浦梅園の「東遊草」と伊勢参宮（上）・（下）」）があるくらいである。

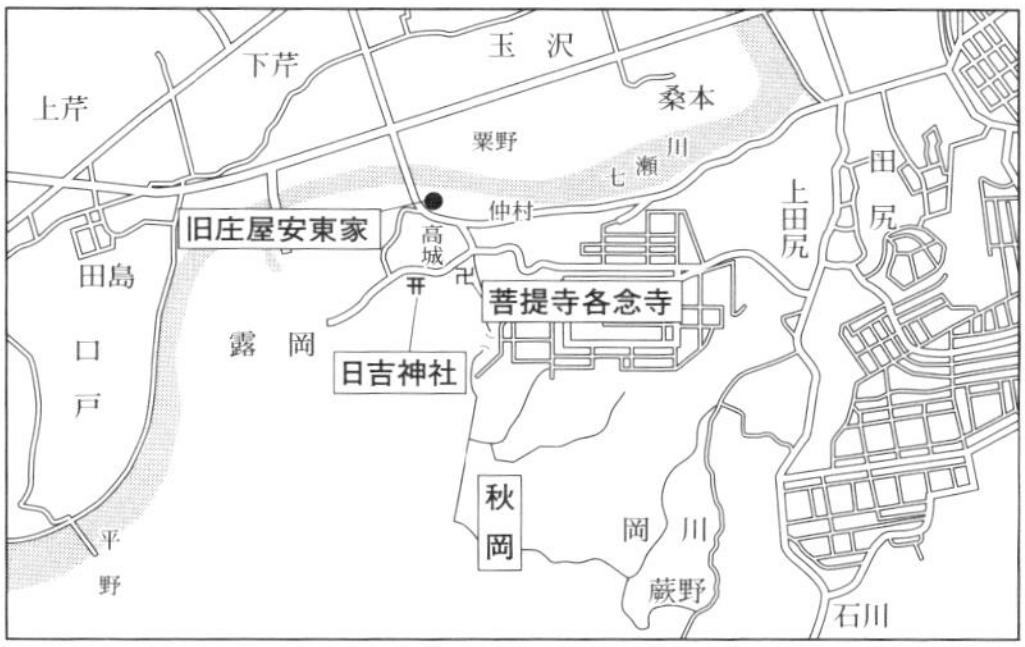

大分市大字高瀬周辺

なお本資料は、大分県立先哲史料館の『史料館研究紀要』第一八号（二〇一四年一月）所収の「伊勢参宮日記」（大津祐司氏）を活用させていただいた。同史料は大分市大字高瀬の安東龍五氏所蔵文書で、「安東家文書」として現在大分県立先哲史料館に寄託されている。

高城村（大分県大分市大字高瀬、延岡藩領。村高は、「天保郷帳」には五十二石余）の庄屋安東十郎一行は、嘉永六年（一八五三）三月二日に伊勢へ向けて旅立った。「三佐」（大分市の大字、内陸に領地をもつ、岡藩の瀬戸内への港として町割が行われた。藩主中川氏は、ここより参勤交代の船出をした）の菊屋治右衛門方へ行き、見立の衆

岡藩船三佐入港船絵馬（野坂神社所蔵）。大分市指定有形文化財（大分市教育委員会提供）

（見送りの親類・村人ら）と一杯呑み寝た。

　しかし、翌日からは風が荒く、船が出ない。七日には弥五郎殿が「板敷祓とて酒を出し、別《わなれ》なとと申て、やたらに呑」んで、気ばらしをしている。次の八日の日記には、「雨ハやみもせず、あまり退屈のあまり、珍らしき噺もつきて春の雨」と、俳諧（句）を作っている。

　そして十一日になって、ようやく出航した。同日の日記には、「同日早朝中川様御乗出しを拝見仕候所」とある。そうこうする内に、当方も出航すると申してきた。そこで朝食を食べ、四ッ半（午前十一時）頃より乗出し、七ッ時（午後四時）に「深江」（日出町、古来この港は避難港として知られる）に着いた。十二日の明六ッ（午前六時）頃に、杵築御城下を見て通る。

　十三日は「蓑崎沖」（杵築市大字狩宿）を通るが、北東向風になり十四、五里ほど吹き戻り、守江（杵築市の大字、ここには杵築藩の御茶屋もあり、潮待ち、風まちの港としても知られていた）にかかる。

　十四日は追い風になり「五百灘」（伊予灘）を通り、豊後方面もはや見納めと、「姫島も見へつかくれつ霞みけり」と、得意の一句。

十五日には、「鹿嶋」（愛媛県松山市北条）沖へ。十六日には「芸州御手洗湊」（広島県呉市豊町の大字）へ入る。「船ヨリ向の二階座敷ニて女郎芸子の居並べるを見て」といい、女郎芸子をみて「しとしととちらしてみたき桜かな」と、指をくわえながら一句したためている。

御手洗の俗謡に、「御手洗女郎衆の髪の毛は強い、上り下りの船つなぐよ」とある。沖に停泊する船に漕ぎ寄せて、春をひさぐ女郎衆の姿をうたったものである。俗に、「オチョロ船」といい、最盛期には百数十人いたといわれる。無論、丘にも遊女町があり、一夜の旅情を慰めた。

讃岐富士

十七日は、「三嶋」へ九ッ過（午後〇時）に着き、汐待ちをした。そして二十一日には、多度津の「金毘羅小富士」（讃岐富士、飯野山《いいのやま》のこと）を見て、丸亀城下を船上より右に見る。

二十三日には、「退屈之余り大嶋ヨリくぐいの浦ニ漁船ニテ上り」と、「久々井村」（岡山県岡山市の大字）に上陸した。船中でのあまりの退屈に、予定を早めて下船している。この日は、「福岡」（瀬戸内市長船町の大字）で一泊。二十四日は、福岡より「院辺」（伊部《いんべ》）に行き、「此所唐津もの多く有り、予も少シ求候」とある。日本の「六古窯」といわれる陶器窯。瀬戸・常滑《とこなめ》・丹波・越前・信楽《しがらき》・備前のうち、最も古い歴史を持つのが、備前。備前焼は、釉薬を使わず、絵付けをしないでじっくり焚き上げる。

この日は、「片嶋」（兵庫県揖保郡揖保川町の大字）で一泊。

二十五日は姫路城下を通り、「石の宝てん・曽根の松を見物いたし、初旅ゆへ余程草臥けれハ、七ッ半頃高砂横町中尾太助方ニとまり」とある。庄屋一行は、初めての長旅で余程疲れたとみえ、午後五時頃「高砂《たかさご》」（兵庫県南部松の名所で謡曲「高砂」で知られる）で一泊。この旅では、姫路郊外の書写山円教寺へは参詣していない。

二十六日は、明石城下を通り「一ノ谷」・「須磨寺」（福祥寺）へ参り、兵庫六軒屋定次郎方に泊った。「其夜ハ中川様御泊りなり」とある。出発に際し三佐で、岡藩主中川公

安治川橋（『摂津名所図会』）。大阪の玄関口として栄え，多くの回船が寄港した

庄屋らは、中川氏一行と相前後して瀬戸内海・山陽道を、大阪へと進んでいる。

二十七日は船で、「安治川橋」（大阪府大阪市中に直進するため、河口には多くの船舶が出入りし、諸国の問屋・船宿が集中した）に七ッ時（午後四時）に着き、それより「中の島」へ行き、風呂に入っている。そして暮れ六ツ（午後六時）に「川船」（三十石船）に乗り、伏見へと淀川を上った。「ひら方《かた》」（大阪府北東部、枚方市）より一里ばかり上にて、夜が明

けた。

二十八日は、五ッ半頃（午前九時）「淀城」（京都府京都市伏見区、宇治川と桂川の合流点に位置）を船より見ながら、四ッ時（午前十時）には「伏見」に着く。そして九ッすぎ（正午）に「大谷」（東本願寺）へ走り付き、「よふよふ御法会ニ間ニ合、日頃之本懐を遂申、目出度事ニ候」とある。本山大谷での御法会にかけつけ、永年の望みを叶え、本懐をとげている。

この大谷での法会とは、恐らく東本願寺の「連如忌」であろう。これは、本願寺八世蓮如の忌日三月二十五日を中心に行われる仏事である。蓮如が教線を開いた北陸地方で、特に盛んに行われている。

二十九日は、朝より大雨で終日止まない中を、九ッ時（正午）東本願寺の霧の間にて、「御直命有、誠に難有事なり」とある。御門主より直々にお言葉があり、皆々感銘している。そして、「夫より法城公同道ニて四条奥村田に行、きせるの本家なり」とある。ここで始めて、同行者の一人「法城公」の名が出てくる。名と敬称からして、庄屋の菩提寺、各念寺（真宗）の僧であろうか。

次の晦日には月代《さかやき》をし、八ッ時（午後二時）よりもう一つの「西大谷」（京都市東山区にある浄土真宗本願寺派の親鸞の廊所）へ参り、清水寺（京都市東山区にある北法相宗の本山、西国三十三所観音の第十六番札所）へ参詣している。

四月朔日は、京都の各社寺と御所を拝見。翌日は、一日中買物にあてている。三日も買い物をし、西陣へ行き織物見物をし、少し買っている。四、五日は、京都の名所・旧跡巡りを一日中している。

六日の日記には、「朝五ッ半頃（午前九時）安治夫婦・専右衛門夫婦・秋岡衆共ニ八人下りしゆへ、惣音公・拙・金次郎同道ニて、稲荷御旅所迠見立、夫ヨリ東寺ニ参詣いたしかへる」とある。安治夫婦をはじめ秋岡（秋岡村。日向延岡藩領と岡藩領の相給。「天保郷帳」では双方の合計は一二七石余、大分市大字岡川）衆八人と惣音公と金次郎らが（外に董右衛門がいる）、庄屋（日記の筆者）の同行者である。

また八日には、朝五ッ頃より惣音公と金次郎と三人で、比叡山へ一日かけて参詣している。次の九日は、「早朝より荷仕舞いたし候処、雨大降成り」とある。京で買い入れた土産品類を、恐らく大阪の宿屋へ送ったりしながら、いよいよ伊勢へと出発しようとしたところ大雨となったので、京に留まった。しかし、董右衛門のみ出立した。

十日も雨だが、出立。「大津」（滋賀県大津市、東海道の宿駅、天保期の人口は一万四八九二、本陣は二、脇本陣は一、旅籠は七十一軒）で昼食し、「草津」（大津市へ三里二十五丁、石部宿へ二里三十五丁）で一泊。翌日は「石部」（水口宿へ三里半）を通り「水口《みなくち》」（本陣・脇本陣各一軒、旅籠四十一軒）まで行き昼食。「坂の下」（三重県亀山市の大字、関宿へ一里半、土山宿へ二里半）で泊まる。十二日は古法眼元信の筆捨山を左に見ながら、「関」の「地蔵様」（地蔵院・宝蔵寺）へ参詣し、「くぼ田」（津市大里窪田町）で昼食。「高田一心殿」（一身田）の専修寺へ参拝し、津城下を八ッ過（午後二時）通り、七ッ半（午後五時）頃に松坂で一泊。

次の日は、いよいよ伊勢参宮である。十三日・十四日は、日記を全文掲載する。

●十三日

早朝雨降いだし、五ッ半頃くした川の船渡を通り、四ッ半時宮川迠行くふねにて董右衛門に逢ひ、九ッ時みさき太夫ニ着き候得ハ、追々中食を出し、八ッ頃雨少し小降成けれハ、案内者ニ随而宮廻り致シ、七ッ半頃かへり

○十四日

五ッ頃起、手洗を遣候所、朝茶ニとてあんもち出し、四ッ頃朝飯を出し、酒抔とたべ、暫くして予、金次郎両人へ太夫様御目見へ仕、九ッ時出立いたし、松坂迠行、竹わら屋金右衛門方ニとまり

十三日の四ッ半（午前十一時）には宮川に着き、渡し船では京を一人先に出発した董右衛門に会う。そして九ッ時（正午）には、豊後の御師である「みさき大夫」（福嶋御塩焼大夫）邸に到着した。ここで昼食し、八ッ頃（午後二時）小雨になったので、大夫からの案内者に随って外宮・内宮その他末社巡りをし、七ッ半（午後五時）大夫邸に帰り着いた。庄屋の日記には、ただ単に「宮巡り致シ」とのみあり、何の感想も記されていない（東本願寺での感激と異なる）。

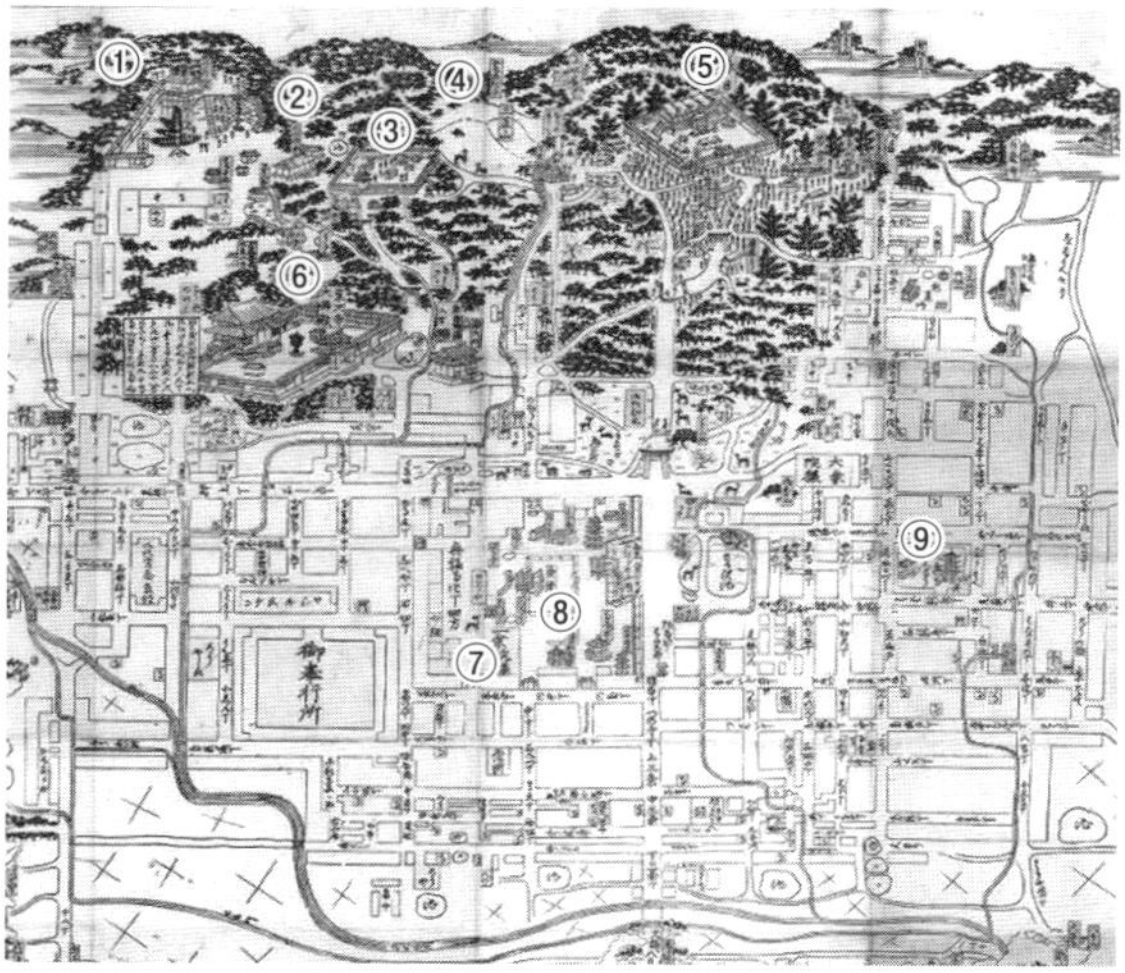

和州奈良之絵図［部分］（日本文化研究センター蔵）。①－⑨は筆者加筆。①二月堂，②三月堂，③手向山八幡宮，④御笠山，⑤春日大社，⑥東大寺大仏殿，⑦一条院，⑧南円堂，⑨元興寺

またこの日、朝熊《あさま》山金剛証寺へは参拝していない。参宮者は、大抵朝熊山にも登っているのである。当時は、朝熊掛けねば片参りと言われていた。

また大夫への献上物など、あるいは大夫邸での食事内容など、一切記されていない。一行は一般の旅籠代位（一五〇文）の献上しかお供えしなかったため、ご馳走が提供されなかったのであろうか。京の本願寺での感想と違なり、参宮も物見遊山の方便であったのか。

十四日は、朝にあんもち、酒などが出され、庄屋と金次郎は大夫様へ御見にかかっている。そして大夫邸を九ッ時（正午）に出立し、松阪で一泊。

十五日は、「六軒茶屋」（松坂市六軒町、江戸期ここに六軒の茶屋があったことにちなむ）より奈良街道へ入り、「大ノ木」（津市一志町大仰、初瀬街道は、雲出川大仰の渡しで川原にある大仰の宿に入る）で昼食。九ッ頃より阿保山越にかかり、雨が降り霧が深くて甚だ難渋

しながら七ッ半（午後五時）に「阿保《あお》」に着き、俵屋儀左衛門方に泊まる。日記は続けて、「其夜五ッ頃、阿保越にて盗賊四、五人にて旅人をはぎ取候と、大ニそふ動いたし、役人衆あまたせんぎに御出との事ニ候」とある。一行も、あわや盗賊に合うところであった。

十六日は「名張」より「二本松」を経て、初瀬寺《はせでら》へ参詣。三輪明神（大神神社《おおみわじんじゃ》、桜井市三輪、大和国一の宮、旧官幣大社、日本最古の神社の一つとして有名）へ参り、そこで宿泊。翌日は古都奈良へ入り、昼食の後案内を雇い、春日大社から「三笠山」・「八幡宮」（手向山八幡宮）・「大仏」・「三月堂」・興福寺の「南円堂」・「一条院」（奈良興福寺内にあった大乗院と並ぶ宮門跡寺院）の宝物を拝観した。そして「刀鍛冶に立寄、少々買物いたし」とある。

南円堂

その後八ッ半頃（午後三時）より「西京」へ。そして郡山城下を通り暮六ッ（午後六時）に「小泉」（奈良県大和郡山市の町名）の小松屋に泊まる。

十八日は、「法隆寺」（奈良県斑鳩《いかるが》町にある聖徳宗の総本山、南郡七大寺の一つ）・「瀧田社」（龍田大社。三郷町立野、式内社、旧官幣大社）・「たるま寺」（達磨寺。王寺町、臨済宗南禅寺派の寺）・「当麻《たいま》寺」（葛城市當麻、真言浄土両宗兼帯の寺）へ参詣した。昼食後は、岩屋越にかかり、「河内国」（大阪府の北東部から南東部）へ入る。「こん田八幡宮」（誉田八幡宮、大阪府羽曳野市誉田）・「藤井寺」（藤井市藤井寺、真言宗御室派、西国三十三観音の五番札所）へ参り、五ッ半頃（午後九時）湊橋に着く。

日記では、その次に下りの自分達の乗船する船の同乗者を紹介している。船は寿福丸という「六百石積」の大船である。船頭熊吉以下船方は九人で、その内一人は「かしき」である。かしきとは「炊き」のことで、炊事係である。

次に「乗合覚」とあり、村名と人名が列記されている。豊後以外の肥後や薩州御家中（女中・家来）も記され、〆七十八人である。

十九日は旅の疲れが溜まり、休足。翌日から出船まで買い物や大阪城などの見物、また浄瑠璃を楽しんでいる。そして二十六日明六ッ半頃（午前六時）より船出し、八ッ時（午後二時）兵庫へ着く。

二十九日には四ッ半頃（午後二時）多渡津に着き、昼食後に「金毘羅」に参詣し、五ッ（午後八時）に船に戻る。

その後五月三日には松山沖へかかり、五日に「豊後三佐」へ着いた。五月五日は節句であるが、「菖蒲湯の噺計りやふねの中」と、最後の一句を記し日記を終えている。

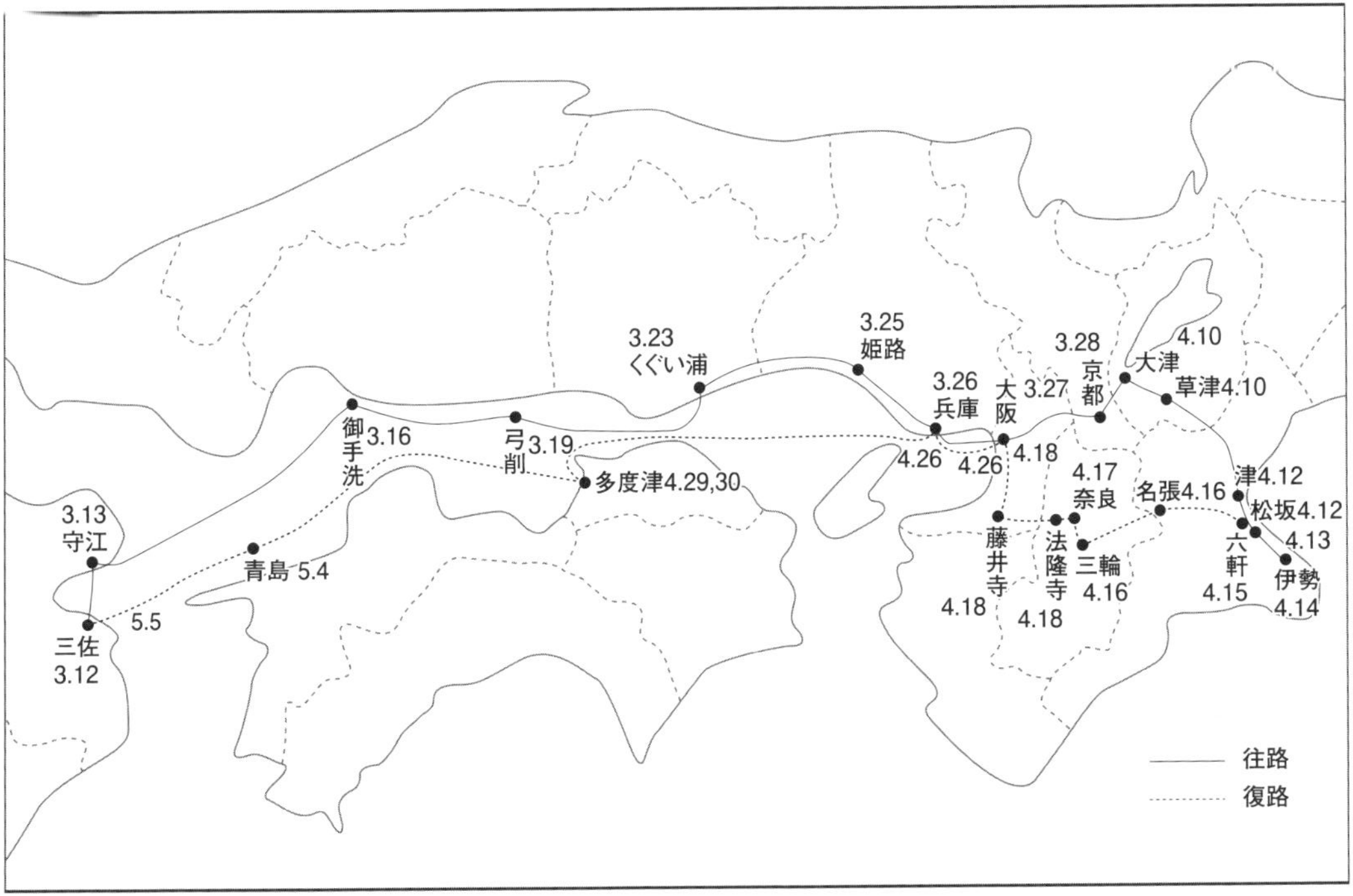


伊勢参宮経路概略図（一部追加）（「伊勢参宮日記」『史料館研究紀要』第18号所収）

## 註

（1）宇佐神宮。宇佐市大字南宇佐亀山に鎮座。式内名神大社。豊前国の一の宮。

（2）薦神社。中津市大字大貞に鎮座。宇佐神宮の摂社、旧県社。豊前国の一の宮は、宇佐神宮。

（3）行橋市の大字

（4）北九州市小倉北区寿山町にある黄檗宗の寺。寛文五年（一六六五）小倉小笠原初代小笠原忠真の建立。小笠原家の菩提寺。

（5）山陽道に沿って有帆川の東に開けた宿市。

（6）防府市の防府天満宮の門前町

（7）防府市大字富海

（8）山口市滝町にある山口大神宮。大内義興が伊勢神宮の内・外宮を永正十六、七年（一五一九、二〇）に勧請・造営した社。古くは、高嶺《こうのみね》大神宮と称した。一般には、「今伊勢《いまいせ》」の名で呼ばれ、伊勢神宮に倣い、二十年に一度の正遷宮を行った。

（9）防府市松崎町の防府天満宮のこと。地名は古代に周防国府が置かれたことに由来。周防国の要地として栄え、宮市《みやいち》は中国路の宿駅。松崎天満宮（現・防府天満宮）の門前町として栄えた。三田尻は萩藩の拠点で、瀬戸内海の要港。

（10）高崎山のこと。別府湾西南岸の鐘状火山。

（11）国東半島の中心的な山。足曳山ともいう。両子寺がある。

（12）周南市大字呼坂。山陽道の宿駅。

山口大神宮

(13) 毛利輝元の二男就隆を始祖とする徳山藩四万五二石。のち三万石。
(14) 遠石。徳山市の町名。
(15) 広島県大方町小方。
(16) 岩国市内を東西に流れる錦川には、全国に知られた岩国のシンボル、「錦帯橋」が架かっている。長さ一九三メートル、幅五メートルの五連アーチ橋。
(17) 厳島神社の大鳥居。拝殿より約二〇〇メートルの海中に建つ朱の大鳥居。主柱約一〇メートル・高さ一六メートル。楠の大木で造られている。
(18) 五重塔。高さ約二七メートル。応永十四（一四〇七）の建立。
(19) 千畳閣。豊臣秀吉が、戦没者の慰霊のために建立した豊国神社の大経堂。秀吉の死によって完成をみないまま、現在に至る。畳が八五七枚敷けることから、この名が付いた。
(20) 広島県竹原市田万里町。
(21) 広島県三原市にあった中世—近世の平城。天文年間（一五三二—一五五五）に、小早川隆景が築城。元和五年（一六一九）以降、広島浅野氏の持城として、城代がおかれた。国指定史跡。
(22) 瀬戸内水上交通の要地で、足利尊氏をはじめ多くの武将も立ち寄り、浄土寺・西国寺などゆかりの寺院も多い。広島藩領で、中国路や石見街道の宿駅でもあった。
(23) 室津。播磨灘に面する入江に沿ってある。室の泊、室の港ともいう。江戸期、西国大名の参勤交代時、海路より陸路にかわる港町。
(24) 阿伏兎《あぶと》と書く。磐台寺《ばんだいじ》は阿伏兎岬の先端にあり、阿伏兎の瀬戸を挟

錦帯橋

んで田島に対する。本尊は、海中より出現の観音石像。
(25) 福山市、沼隈半島の先端部に位置する。古くから潮待ちの港町として栄えた。
(26) 岡山県倉敷市下津井。下津井は、ほぼ十里ごとに位置する大きな港としての、室の津・牛窓・鞆などと肩を並べていた。また四国への渡海場、金刀比羅参詣の起点としても賑わった。
(27) 岡山県備前市の大字名。
(28) 備前市大字伊部。当地付近は、備前焼の原土に恵まれ、窯業が盛んであった。江戸期には、藩の御用窯として保護された。
(29) 姫路市書写にある天台宗の名刹。性空の創建。京都から天皇をはじめ公家・僧侶らが参詣。江戸時代は、寺領八三三石。西国三十三所の第二十七番霊場。
(30) 兵庫県明石市の大字。
(31) 同県高砂市曽根町にある曽根天満宮。菅公手植という曽根の松で著名。
(32) 明石市人丸町。万葉の宮廷歌人、歌聖柿本人麻呂を祭神とする。「人丸さん」と呼び親しまれている。旧県社「柿本神社」。
(33) 神戸市須磨区須磨寺町四丁目。福祥寺。真言宗で、昭和二十二年に独立した須磨寺派の大本山。須磨は、光孝天皇の時、在原行平が流謫されたところという。「源氏物語」の須磨巻は、それを踏まえて描かれている。
(34) 神戸市中央区生田。古来生田の森といい、順徳院をはじめこの森を題材にした古歌も多い。源平の争乱、南北朝の古戦場としても、有名。延元元年（一三三六）には楠正成・足利尊氏の合戦舞台となり、

室津港

新田義貞が大敗したことは、よく知られている。
(35) 大阪市北区、堂島川・土佐堀川に囲まれた東西に細長い中州。諸藩の蔵屋敷が集中し、大阪経済の中核として繁栄。
(36) 暗《くらがり》峠。生駒市西畑町。生駒山南の鞍部にある峠で、難波・大阪から枚岡《ひらおか》（現・東大阪市）を経て、峠を越えて奈良に至る。暗越奈良街道という。大阪の中心街と奈良を結ぶ最短距離にあり、初瀬・伊勢参詣道として賑った。日本の道百選に選ばれている。芭蕉もこの峠を通り、「菊の香に暗がりのぼる節句かな」の句がある。
(37) 椋木《むろのき》。現・大和郡山市、
(38) 猿沢池南方に所在。樽井町などと共に、旅籠が多い。
(39) 奈良県宇陀市に所在。宇陀川をはさんで大野寺の対岸の岸壁には、線刻された弥勒《みろく》磨崖仏があり、国指定史跡。
(40) 奈良市春日野町にある藤原氏の氏神。藤原氏と共に栄える。旧官幣大社。
(41) 手向山《たむけやま》八幡宮。奈良市雑司町に鎮座。奈良の大仏造営に伴い、天平勝宝元年（七四九）東大寺大仏の守護神として、宇佐八幡宮から勧請されたのが始まり。
(42) 天平勝宝四年（七五二）の創建。治承四年（一一八〇）平家の南都焼討ちで災上。重源《ちょうげん》が建久六年（一一九五）に再建。戦国時代の永禄十年（一五六七）再び焼かれ、宝永二年（一七〇五）には東西二間づつ縮小されて再建された。国宝。
(43) 大阪府千早赤阪村の金剛山の中腹に、元弘二年（一三三二）楠木正成が築いた城。赤坂落城ののち、南朝の忠臣正成はここに籠り、幕府の大軍を悩ませたことで知られている。
(44) 畝傍山《うねびやま》。大和三山の一つ。『万葉集』にも詠まれ、付近には天皇の陵墓も多い。
(45) 三輪山。美和山・御諸山《みもろやま》とも。秀麗な円錐形の山容で、西麓に鎮座する延喜式内大社の大神《おおみわ》神社の神体山。祭神は、大物主命《おおものぬしのみこと》・大己貴命《おおなむちのみこと》・少彦名命《すくなひこなのみこと》。約三〇〇ヘクタールの三輪山そのものが神体山で、神がこの内に宿る神殿として、これを大神神社とする。従って、他の神社のような本殿はない。三ッ鳥居と拝殿がある。酒の神として、尊崇されている。

現在の拝殿は、寛文三年（一六六三）徳川家綱が寄進再興したもので、江戸時代初期の代表的な神社建築。梅園は、当時普請改修中の拝殿を、本殿と感違いしている。

(46) 長谷寺《はせでら》。初瀬寺ともいう。桜井市初瀬にある新義真言宗豊山派の総本山。本尊は十一面観音。女性の参拝が多く、中世は天照大神《あまてらすおおみかみ》の本地とされた。近世の寺領は、三百石。西国三十三ヶ所の第八番札所。

(47) 榛原町大字萩原。伊勢本街道と、伊勢北街道（初瀬街道・阿保街道・青山越）の分岐点に立地。伊勢参宮・長谷詣客などの宿場町として栄えた。

(48) 留女《とめおんな》。かなり強引に、自分の店へ客を引き込もうとする。梅園一行も、この留女につかまりそうになったが、何とか逃げこなせたようだ。留女が、「シマさんコンさん宿らんせ、お湯もどんどん沸いている」などと、旅人を呼び止め強引に引っ張り込んだ。「シマさん・コンさん」というのは、縞の着物の人、紺の着物の人という意味で、旅人はこうした汚れの目立たぬ着物を身につけていた。

(49) 三重県津市白山町二本木

(50) 三重県伊賀市阿保。安保・阿於とも書く。阿保越参宮道の伊賀・伊勢の国境にある峠を挟んで、伊賀側には伊賀茶屋、伊勢側には伊勢茶屋があった。参宮講の定宿である「たわらや」には、講の看板が百余枚残され、宿場の賑わいが明治中期まで続いた
『三重県の地名』（平凡社）の「初瀬表街道」の項によると、次のようにある。

長谷寺の登廊

東北に向かって三本松《さんぼんまつ》（現奈良県室生村）を経て伊賀国に入り、名張《なばり》・阿保《あぼ》・伊勢地《いせじ》（現名賀郡青山町）を過ぎ、一志郡大《おお》村の二本木《にほんぎ》（現白山町）を通って、大仰《おおのき》で雲出《くもず》川を渡り、田尻《たじり》・八太《はた》（現一志町）を経て、三渡《みわたり》（六軒茶屋、現松阪市六軒町）で伊勢参宮街道に合流する道を初瀬表街道と称する。初瀬本街道が直線的ではあるが、険阻な山中を通るのに対して、この街道は北方へやや遠回りするが、山坂が少なく、歩行の容易さで親しまれ古くから最もよく利用されたと考えられ、単に初瀬街道という場合はこの街道をさす場合が多い。また峠の名をとって「青山《あおやま》越」とよばれることも多いし、二本木など小倭《おやまと》郷（現白山町）を通過するので「小倭道」とよばれたり、阿保を通るので「阿保越」とよばれることもあった。（三十頁）

(51) 三重県伊勢市。山田への宮川の下の渡場として賑わった。

(52) 松阪市六軒町。初瀬表街道と伊勢参宮街道とが、当地で合流。

(53) 参宮道中に多くみられる馬稼で、馬の鞍にちょうどコタツのやぐらを逆にしたような枠を二つ取りつけてある。馬の背と両側に一人ずつ、三人客を乗せられるように工夫してある。街道筋の農家の副業であった。明治二十六年の参宮鉄道の開通で、姿を消した。

(54) 周辺に産する松阪木綿は有名で、松阪商人によって江戸で多く販売され、豪商三井家の隆盛のもととなった。

(55) 三重県多気郡明和町明星

(56) 別名は、度会川・豊宮川・斎宮川・禁《いみ》川ともいう。

伊勢山田の手前で宮川を渡るが、ここには渡し舟が出ていて、誰でも無料であった（御師の馳走舟）。ここでは三六五

三宝荒神

日、二十四時間休むことがなかったという（少々の増水でも）。

宮川の渡しは主に二カ所有り、大和南部・紀州・吉野方面よりの参詣者は上の渡しを利用した。その他からは、下の渡し（桜の渡し）を利用した。宮川の渡しの舟を下りた所が中川原で、ここには伊勢本街道（田丸越）が合流。急嶮な坂道が多いが、長谷寺と伊勢とを結ぶ最短距離で、これを利用する人も多い。古く宮川は、斎王や勅使が禊ぎをする場所であり、一般庶民もこれにならった。ところが時代が降るにしたがって形骸化し、代垢《だいご》離《り》となった。渡し口である小俣の子どもが、参拝人にかわって水垢離をして、小銭稼ぎをした。代は一文づつであった。

①渡し船：これから参詣する人びとを乗せて、小俣から渡ってきた船。十二―十三人乗りで、丸めた薦《こも》を背負った参詣人、頭巾をかぶった江戸者風など、乗り合わせる人もさまざま。

②駕籠ごと乗りこむ参詣者：御師《おんし》が川向こうの櫛田あたりまで迎えによこした駕籠であろう。駕籠かきの背後に、手代の姿もみえる。

宮川東岸（『伊勢参宮名所図会』）①～⑦は筆者加筆

③参詣を終えてこれから宮川を渡る人びと：女性の姿もみえる。
④参詣者とそれを迎える御師の手代：迎えにきた手代は羽織袴で正装。参詣者一行は、五人と荷持ちひとり、商人仲間か講の代参といったところか。
⑤客待ちをする駕籠かきたち
⑥勧進比丘尼《かんじんびくに》：筵に座り、参詣者に銭を乞う。手前の比丘尼は手にりん鈴を持ち、奥の比丘尼は扇を振る。
⑦伊勢本街道
（『絵図にみる伊勢参宮』参照）

(57) 宮川の渡し船を降りると、ムシロの上で比丘尼《びくに》らが指につけた鈴をならして、「やってかんせ・ほうらんせ」（やっいきなさい。銭を投げなさい）と賑やかに唄って踊る。参拝者が小銭を投げつけると、器用にそれを避ける。それが面白くて、何回もする人もいて、梅園も代垢離をせがむ子供に銭を与え、比丘尼にも銭を投じている。

(58) 外宮の別宮「土宮」の、御塩焼物忌職を相伝した。山田の有力者三方年寄家に属する。伊勢市八日市場町に屋敷があった。大夫の邸門は、昭和十三年三月「神宮文庫」の門として移築されている。江戸時代中期安永九年（一七八〇）の建築で、現在伊勢市指定の有形文化財。門の規模から、その勢力の大きさがうかがわれる。

(59) 生石村の庄屋三人連れは、参宮のあと信濃の善光寺まで足を延ばしている。

(60) 大夫の手配で、馬が用意されている。駕籠の場合もある。

(61) 遍路、巡礼、回国ともいう。寺社・霊場の参詣を目的に、連れだって歩く旅人。

(62) こういうと美人らしく聞こえるが、参道の傍らに粗末な小屋掛けをして、三味や胡弓などを弾き、哀っぽい歌を唄って参宮客に投銭を乞う女、お杉・お玉が鳴り物に合わせて唄ったのが、「間の山節」。

①小屋がけして三味線の弾き語りをする女性：間の山の名物的存在。総じて「お杉・お玉」とよばれてい

た。
②投げ銭をする参詣者：お杉・お玉に向かって銭を投げる男二人は、頭巾のかぶり方からみて江戸者のようである。参宮の道中では、江戸者は派手好きで気前がよいとされていた。
③比丘尼：気前のよさそうな江戸者の男に銭を乞う。
④農村からの参拝者一行：子どもも一緒である。先頭を行く男は蓑を背負っている。
⑤道端で踊る子ども：背後で扇をもって歌うのは父親か。子どもが手にしているのは、綾竹《あやだけ》とよばれる小道具。中に小豆が入れてあり、振ると音が出る。

(63) 参拝の時、手を洗い口を漱《すす》ぐ御手洗《みたらし》のあたりから下流、宇治橋あたりまでをいう。御手洗から上流、ご正宮のあたりを、五十鈴川という。

(64) 神社本殿の棟の上に突き出した、または取りつけた装飾材で、交差した二つの斜材でつくる。古墳時の家形埴輪や家屋文鏡にもみられる。内宮の御正殿の「鰹木《かつお》」は十本で「千木《ちぎ》」は内削《うちそぎ》で、外宮の鰹木は九本で、千木は外削である。

(65) 朝熊神社があり、伊勢市朝熊《あさま》町に鎮座。式内

間の山（『伊勢参宮名所図会』）①〜⑤は筆者加筆

社で、内宮第一の摂社。山頂を経ヶ峰といい、その東斜面に朝熊山経塚群（国指定史跡）がある。平安末期には、盛んに埋経が行われた。それより下ったところに、臨済宗南禅寺派の金剛証寺がある。本堂（国指定重文）は、慶長年間の建立。本尊は、虚空蔵菩薩。江戸期には、「伊勢へ参らば朝熊かけよ、朝熊かけねば片参り」といわれ、伊勢参宮ののち、人々は足を伸ばして朝熊山へと参った。

梅園の『東遊草』には記されていないが、ここに来たほとんどの参詣者が買っていったのが、「万金丹」。その本家の野間家が、金剛証寺の下にあった。解毒か気付け、腹痛・胃腹病と万病に効く妙薬で、一粒三文であった。

また朝熊山に参った人々は、大抵その山麓の「二見浦」にも出かけている。ここで泊って、早朝二つの岩の間から登るご来光を拝み、早朝の海に入り、身を清めてから神宮参拝をする人々もいた。二見浦では、太神宮に献ずる塩が塩田で造られ、それを納める御塩殿《みしおでん》がある。

(66) 三重県亀山市関町坂下。東海道五十三次中の第四十八番の宿次。坂下宿と土山宿（滋賀県甲賀市土山町）との間の鈴鹿峠は、標高三五七メートル。

(67) 三重県津市。江戸期には、単に津と呼ばれることが多くなる。

(68) 三重県亀山市、西の追分から大和街道、東の追分からは伊勢別街道が分岐し、交通の要衝。宿場町として栄えた

(69) 滋賀県草津市、町の中央で東海道と中山道が合流する。

(70) 滋賀県湖南市石部。東海道の宿駅の一つ。

(71) 大津市葛川梅ノ木町。

(72) 家庭用漢方薬、草津宿と石部宿との間に店があり、当主は大角弥右衛門。家号は、是斎家。

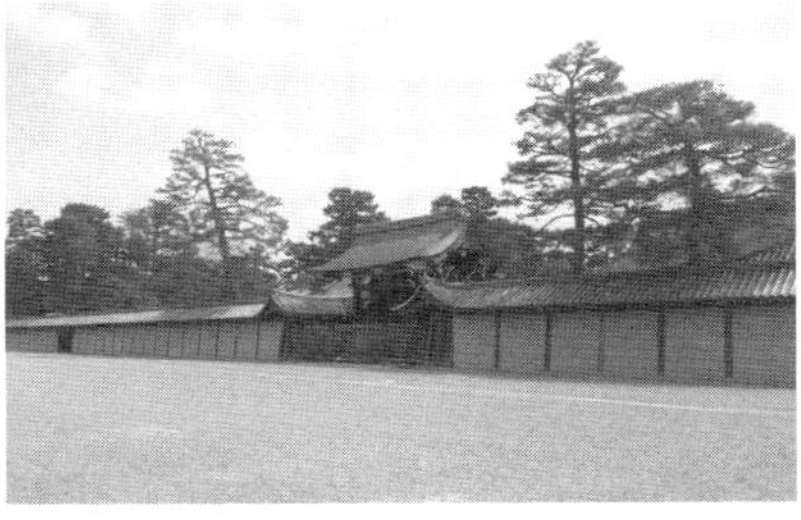

京都御所

(73) 回りを築地塀と清流の溝に囲まれた御所で、明治維新まで永く代々の天皇が住まわれた。面積は約一一万平方メートルの広大な敷地に、優雅な寝殿造りの建物が並んでいる。現在の建物は、安政二年（一八五五）に再建されたもので、梅園らが見た建物ではない。

(74) 北野天満宮。北野聖廟ともいう。京都市上京区馬喰町に鎮座。当初は道真の怨霊を鎮める鎮魂・雷神信仰が中心であったが、室町時代頃から文学・学問の神としての性格が強まる。慶長十二年（一六〇七）建立の本殿は、国宝。

(75) 吉田神社。京都市左京区吉田神楽岡町に鎮座。平安京近郊の藤原氏の氏神として信仰された。室町時代には吉田兼倶《かねとも》が吉田神道を開き、神社を再興。

吉田神社大元宮

(76) 清水寺。京都市東山区清水。北法相宗本山。徳川家光によって再建。本堂（国宝）の清水の舞台からは、京都市街が一望できる。世界遺産に登録。本堂は十一面観音像（国の重文）。平安中期以降の観音信仰の高まる中で、同寺は京洛に近く参詣者で賑わった。

(77) 方広寺《ほうこうじ》。京都市東山区正面通大和大路東入茶屋町にある、天台宗山門派。
　豊臣秀吉が天正十四年（一五八六）に建立した天台宗の寺。東大寺の大仏よりも巨大な盧舎那仏を安置する大仏殿であったが、天災や火災で焼失。ここの鐘（四・二一メートル）は、「国家安康、君臣豊楽」の銘が刻まれていることから、大坂の陣の引き金となった。

(78) 金刀比羅宮。香川県琴平町に鎮座。金比羅参りは江戸期以来、庶民の慰安旅行の一つで、一生に一度は伊勢と並んでお参りすべき所とされている。九州・四国のみならず、遠く江戸方面からも、伊勢参宮と合わせ京・奈良見物を兼ねて、金比羅まで足を伸ばした。金比羅神は航海の安全を司る神で、コンピラとは梵語の蛟龍、すなはち龍神である。象頭《ぞうず》山の中腹に鎮座し、この山は瀬戸内海からひときわくつきりと目標になった。山麓の町場からは約一キロで、七八五段の石段が続く。本殿前からの展望はすばらしく、正面に讃岐富士と呼ばれる飯野山があり、瀬戸内方面が一望できる。表・奥書院は、国指定の重文。

(79) 山口県東和町、家室。

(80) 伊予灘に面した国東半島東部・田深川河口右岸に位置する。国東市国東町大字鶴川のうち。

(81) 国東市国東町大字鶴川に鎮座。旧県社。

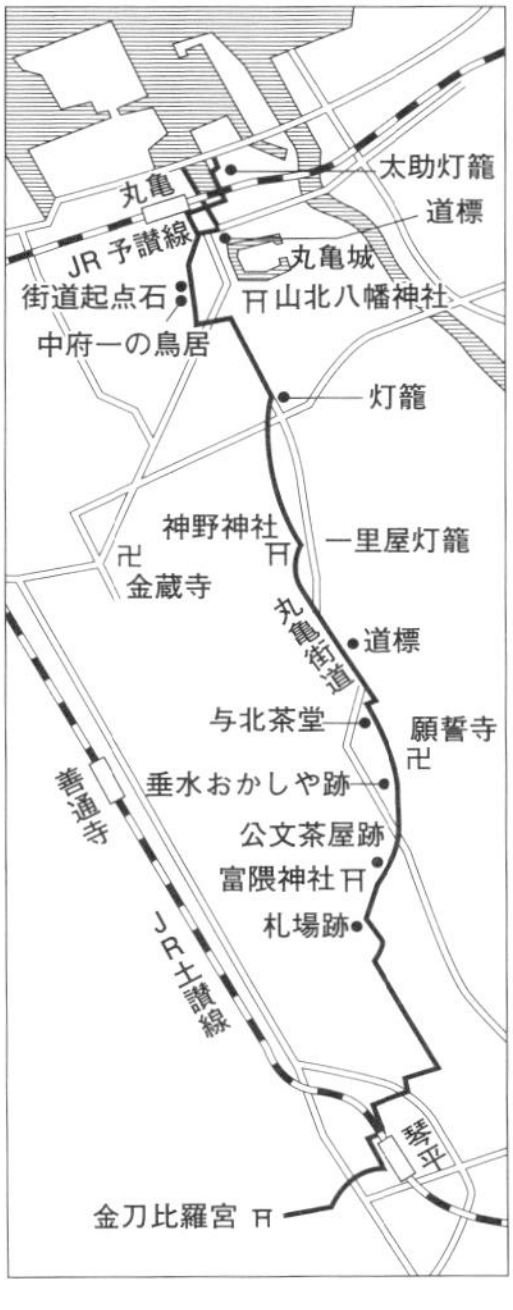


丸亀街道

金刀比羅宮

# 第三章　筑後の伊勢参宮

山田（『伊勢参宮名所図会』）
外宮の門前町にあたり，御師の屋敷が建ち並ぶ

# 一　八女郡福嶋よりの参宮

## (1)文化元年の参宮

ここでは八女郷土史研究会発行（昭和五十年九月）の、『伊勢参宮道中記』を紹介する。（表紙ウワ書）「文化元子年（一八〇四）正月廿九日、伊勢参宮道中記、靏作右衛門」である。福嶋矢原《やばら》町の靏作右衛門外十八名の同行日記で、各地の道程・宿泊地・支払金などの概要が、和紙三十六枚綴りに記録されている。

その全行程を紹介するのは本意でないので、その最たる目的地の伊勢神宮周辺を中心に記してみる。

一行はまず山口の「大神宮」へ参拝している。九州より陸路を通って中国路を上る場合、少しだけ寄り道にはなるが、山口を訪れる参宮者が多い。

山口はかつて大内文化が栄え小京都ともいわれるが、山口へ立ち寄る主目的は「山口大神宮」への参詣である。

作右衛門一行は、その後宮島へ渡り嚴島神社へ参詣し、次に讃岐の「金比羅」へ参拝。大阪では芝居見物・町巡りをし、「紀州若山」（和歌山）から「高野山」へと登った。そして「吉野」を経て「奈良」の名所見物をしている。そして「名張越」をし「六軒」から「松坂」

を経て「宮川」を渡り、外宮の手前「中川原」に着いた。
ここでは、伊勢神宮・朝熊《あさま》山・二見ヶ浦巡拝の二日間のみを、全文紹介する。

同　四日
一、〇中川原
此所伊勢御師の茶屋あり、片旅籠にて泊り

八女市中心街

一、〇橋村主計公へ着。茶漬種々出る。夫より外宮へ参詣、四十末社廻り、太神宮へ参詣。御社は茅葺也。下向古市町数多し。あまの岩戸、高間ヶ原、相の山、内宮八丁。末社廻り浅間へ七拾弐丁、虚空蔵参詣也。此所より晴天には富士山見ゆる、万金丹名物なり。二月廿六日夜本坊焼失類焼三軒。ふもとに橋村氏の茶屋あり。昼飯出る。同夜太夫にて饗應有。朝熊迄、御駕籠出る。
三月五日
一、二見ヶ浦　　五十丁弐リ
二見太神宮へ参詣、様々の貝見せ多し。太夫殿へ帰り四ッ半時分より出立。

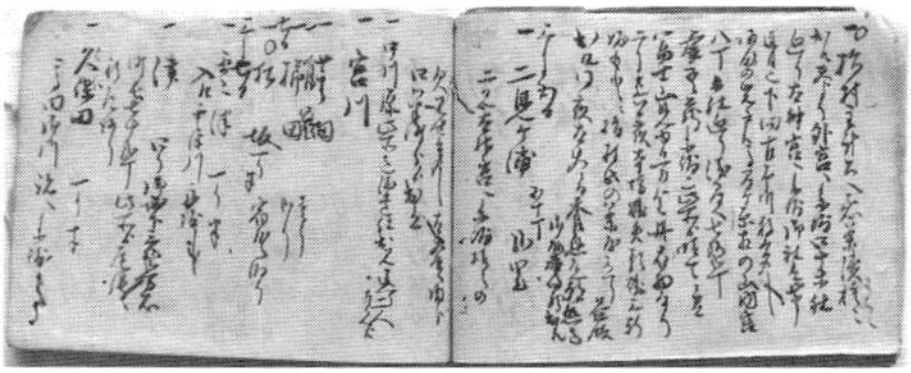

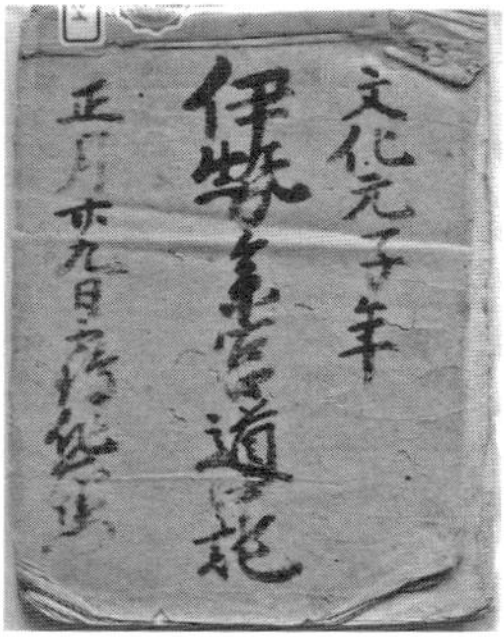

右：『伊勢参宮道中記』表紙。「文化元子年　伊勢参宮道中日記　正月廿九日　靏作右衛門」（表紙とも三十六枚書綴）
左：『伊勢参宮道中記』本文（八女市立図書館蔵）

一、中川原　此所迄酒肴仕出、見送り二人相見江
一、宮　川
一、芋　畑
一、明　星　　　壱リ
一、櫛　田　　　弐リ　　　（一六頁）

一行の御師は「橋村主計」である。一行は御師に事前連絡をしていなかったのか、前日は中川原の片旅籠で一宿。片旅籠は半旅籠ともいい。神宮の御師と契約をして、参宮者に宿泊・休息の世話をする所。各地の伊勢講の看板も掛けられていた。もし連絡をしていれば、御師の手代が中川原まで出迎え、御師宅へ丁重に案内をするところである。あるいは遅くなって中川原に到着したか、又は御師宅が満員で受け入れができなく、御師の手配でここに宿泊したのかも知れない。

次の日御師宅に着くと、「茶漬」などの種々のもてなしを受け、早速外宮へと参詣している。そしてお決まりの天の岩戸から相の山・内宮へと参り、「浅間」（朝熊）へと登っている。

朝熊山金剛証寺の近く、橋村氏に関連する茶屋で昼食。夜は大夫宅で「饗應有」と、数々のご馳走を受けている。その日の最後の記述に、「朝熊迄、御駕籠出る」とあり、外宮・内宮・朝熊山まで大夫手配の駕籠で回った。

翌日は二見ヶ浦を見物し、興玉《おきたま》神社（伊勢市二見町。「浜参宮」と称し、当社前の海中で潔斎する風習がある）へ参拝した。そして大夫宅へ一旦帰り、四ッ半（午前十一時）時分より出立し、中川原へ。ここで酒肴の仕出しがあり、手代二人が見送りに来た。

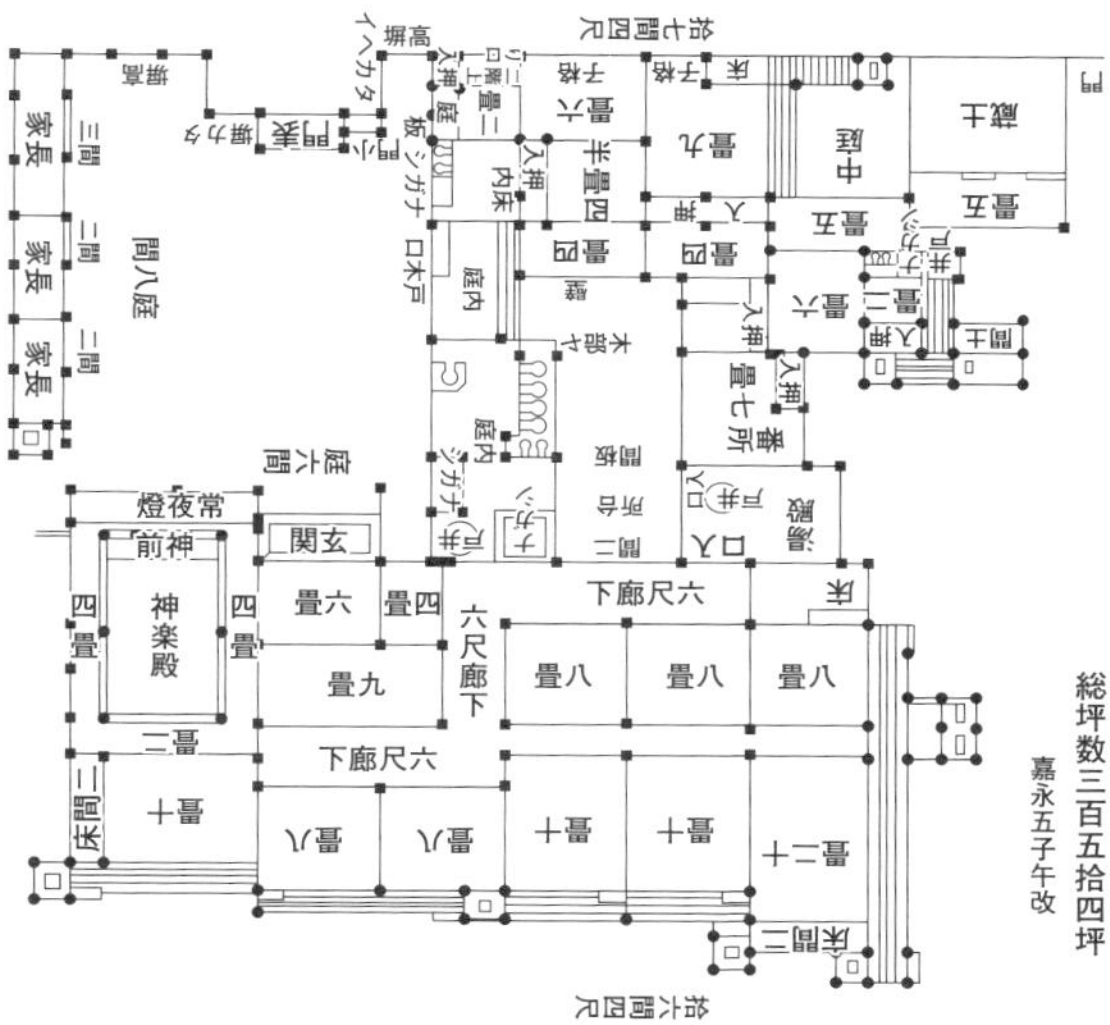

御師橋村家屋敷図（『歴史時代の集落と交通路』を参考に作成）

その後は鈴鹿越えをして大津へ出て、比叡山から京都に出ている。京都では九日間の長逗留をし、周辺の名所・旧跡と大芝居を見物している。

その内三月十一日の内裏（御所）の記事には、「禁裏御門内拝見、百三拾六銅。かり冠上下を着、御門外御公家御屋敷におゐて、御盃頂戴」とある。皇居内の拝観料一三六文を支払って仮の公家装束・冠をかぶり、門外の公家屋敷で盃を頂戴している。仮装束をつけ、貴族の雰囲気

中川原（『伊勢参宮名所図会』）。中川原は宮川の渡し場の東に位置し山田の町の入口にあたる。ここに，片旅籠茶屋とよばれる施設があり，御師の手代が参詣人を出迎える場所になっていた。御師が参詣者を送迎する際の休憩所であるほか，日が暮れてから宮川を渡ってきた参詣者や，参詣を終えた人々を宿泊させたりする。番号は筆者加筆。
①**片旅籠の中**：土間と座敷のつくりになっている。ふたりの参詣者は講の代参であろう。相対しているのは御師の手代
②**参詣者と御師の手代**：荷物持ちと侍女を連れた家族とおぼしき参詣者の一行と、それを迎える御師の手代ふたり

を楽しんだのである。

後述する浮羽郡須川村（福岡県朝倉市）の天保六年（一八三五）の参宮日記にも、御所で御神酒を盃と共に頂戴している記事があるが、恐らく貴族の仮衣装をつけての儀式であったのであろう。神酒のつがれた盃・素焼きの土器は、持ち帰ることができたのである。

それより岩清水八幡宮へ参拝し、夜船で大阪迄下っている。大阪では、芝居見物と買い物をしている。鶴作右衛門一行は、一月二十九日出発し、四月十二日に帰宅した。

## (2) 天保十四年の参宮

次に紹介するのは、表紙ウワ書きのない「二月廿五日国元出立」と書き始めた伊勢参宮道中記（八十枚綴）である。最後に同行者の氏名計十七名が記され、「天保十四年（一八四三）夘ノ四月中旬」とある。

同書は八女福嶋町の住民清九郎外一六名の日記で、街道・宿泊・船旅での見聞記である。同行者の多くは、仏壇や大工職人と思われ、家屋・社寺建築の構造が詳しく記されている。

なおこの八女福嶋仏壇は、文政四年（一八二一）指物《さしもの》大工であった遠渡三作《とおわたりさんさく》がある夜、荘厳華麗な仏閣の夢を見て思い立ち、同業者だった井上利久平、平井三作の二人の協力を得て仏壇製造を始めたという逸話が残されている。その製造技術が確立されたのは、嘉永年間（一八五〇頃）で、江戸時代末期には仕上げ師十八人、金具師十四人、彫刻師七人、仏師七人、檜物（木師）十人を数えるほどに発展している。八女福嶋仏壇の特徴は、荘厳華麗な仏殿楼閣を思わせる漆塗の金箔仏壇で、良質の用材と高度な技術、豊富な経験が必要とされている。

産地の特徴は、分業制がとられているので、現在は木地・宮殿・金具・彫刻・蒔絵《まきえ》・仕上げの六つがそれぞれ独立した部分業を営んでいる。それらが、八女福島仏壇仏具協同組合を組織している。昭和五十二年三月三十日には、伝統的工芸品に指定されている（『九州の伝統的工芸品』九州電力事業開発部地域振興室編参照）。

この一行も三月一日「山口大神宮」に参詣。次に六日には「厳島大明神」、翌日は「金比羅宮」へ参詣。また十日には「書写山円教寺」へも立ち寄っている。

次に大阪から堺・橋本を経て十五日には「高野山」へ参詣している。大阪では、ちょっとしたハプニングがあった。三月十二日、明石城下より「此処より足弱《（女）》ハ四五人舟ニ而大坂に廻し置」とあり、女どもは舟で先に大阪へ向け出発した。男どもは十三日「淡路屋半兵衛方へ八ッ時分着」とあり、午後二時に予定の宿へと着いた。ところが、先に出た女どもがまだ着いていないというので、大いに心配した。皆で手分けして尋ね歩いたが見つからない。ところが、七ッ半（午後五時）になって、女どもの舟は強風にあい堺に上陸したとの知らせが入った。よって皆々安心し、それより風呂に入ったとある。日記には、そのあとに、狂歌が一首記されている。「立別思ひ明石《あかし》の浦波にゆられた左海《（堺）》明日の逢坂《（大坂）》」。

さらに五条から「吉野」の「蔵王《ざおう》権現」（金峰山寺蔵王堂）・「吉水院《きっすいいん》」（吉水《よしみず》神社。祭神は後醍醐天皇と楠木正成）を経て、「多武の峰」（関西の日光とも言われ、藤原鎌足を祀る旧別格官幣社・談山神社がある）へと進む。次に「安須賀」（飛日香）から「初瀬《はせ》寺」（長谷寺）へと進む。そして「三輪大明神」から、「なら」の各名所・旧跡を見物。それより「奈良ごへ」をして「六けん町」（六軒茶屋）へ。そして松坂から「おばた」（小俣）で一宿。「同晩、太夫殿より御樽並ニ肴ハ伊せ海老五ツ被遣候」とある。

つまり、ここでは御師（大夫）へ事前に伊勢参宮が告げられていたのである。ここでは、伊勢での二日間のみ全文紹介する。

同　廿二日

太夫殿より為安内忠兵衛と言人被参候ニ付、五ッ時分出足、程なく

○橋村殿江着

挨拶人西村平馬と言人なり、落付ニぞふ煮盃相済、本ぜん御馳走なり、夫より馬ニ乗り、

四ッ時分より上宮

○外　宮　参詣

四拾末社外ニ堂数多し、太夫殿より廿丁

○天ノ岩戸　伊弉諾《いざなぎ》伊弉冉《いざなみ》両尊なり

○間の山　此所ニ□□□□板ニ而小屋を掛、三味せん、こ弓ニ而林立、さても賑敷所なり

○宇治橋　幅四間　長四拾五間、此はしの川そこより竹ニ綱を張、諸人橋の上より投銭を受る事面白き事なり

○内　宮　外宮より五十丁　八拾末社のよし、外ニ大堂数多有り

○奥ノ院朝摩山

内宮より六十三丁山坂なり

門より本堂迄一丈守廿四間、登り廻廊、御堂見事、内ニ小さき五重の塔あり、外ニ末社多し。少し手前ニ万金反の茶屋有り、是より十丁計り、元の通をひき返、茶屋のわきより朝間村をさして下り、大屋源太夫方へ着、太夫殿より此所ニ而昼飯の用意有り、茶代少々包む、此所ニ内宮より馬ハふもとの道を参り待合居る。依之又馬ニのり帰り、橋村

殿江七ッ半相着、道のり百丁、此夜種々御馳走ハ不申及、諸事ていねゐの御あしらい故、
夜半まで興し申候
同　廿三日　天きよし
御膳料
御祈祷御初尾百拾弐文
太夫殿ニ而朝膳仕舞五ッ時分出足、程なく宮川江着処、橋村殿より為御見舞御樽並に餅
など差出ニ相成申候、
久左ヱ門方へ着候晩、一賄ニ而丁せん百文充、此時仕払致し立出、六けん迄六り元道立
帰り
○六軒《六り》　田尻屋文四郎方へ一宿、七ッ時分つき
（五十八－九頁）

伊勢での初日は、大夫から案内人が宿まで出迎えに来たので、五ッ時分（午前八時）出立。程なく大夫邸の「橋村殿」へ着いた。到着早々、雑煮・酒が出され、「本膳」が出た。それより一行に馬が用意され、四ッ時分（午前十時）から外宮参詣。それより「天ノ岩戸」・「間の山」・「宇治橋」・「内宮」・「朝熊山」へと進む。

間の山では、参拝者が三味線引きの女の顔をめがけて銭を投げつけると、バチや身のこなしで器用に避ける、「お杉・お玉」と呼ぶ女芸人が何人もいた。「お松・お玉と申す美人見物」と書いた文書もあり、派手な振袖を着た姿は、田舎者にはかなり美しく映ったので

宇治橋（『伊勢参宮名所図会』）。五十鈴川に架けられた橋で，内宮の入口にあたる。ここでの名物は，竹の先に網をつけて投げ銭を拾う人々であった。『東海道中膝栗毛』にも、弥次郎兵衛と喜田八が同行の上方者と一緒になって，宇治橋から銭を投げる場面がある。どのような銭を投げようと，彼らは器用に拾ってみせた。大きな網が大人，小さな網が子ども。

あろう。昼飯は大夫殿より用意されたものを食したが、茶代として少々包んでいる。同夜は橋村殿へ七ッ半（午後五時）に着き、種々のご馳走・諸事丁寧な待遇にあずかり、疲れも忘れて夜半まで興じたようである。

大夫からは、翌日帰途につく「宮川」で、お見送り、別れの樽と餅などが差し出されている。一行は、御膳料・御祈祷初尾（初穂）として「百拾弐文」（一人につき）を支払った。この金額は通常の旅籠代と変わらない。

一行は鈴鹿越え（伊勢国北西部に位置し、古代の三関《さんげん》の関の一つ、鈴鹿関があった）をして、大津へ出ている。そして比叡山から京都三条に出て一宿。翌日から京都の東山・西山などの名所・旧跡を種々見物し、買い物をした。その後伏見へ出て、ここより舟に乗り大阪へ下っている。三月三十日、伏見の「此処天下ばしより舟ニのり、大坂迄十リ、うん賃七十弐文」とあり、伏見より大阪までの船賃が七十二文であった。大阪では、案内人をやとって町内見物・買い物・芝居などを楽しんでいる。大阪よりの帰途は、貸し切りの船であった。なお日記の最後には、

○山家　角の茶屋へ五ッ時分着、髪結風呂杯ニ入、追々村方より迎人参り、此所ニ而樽杯開き、宿せん等支拂致し、ほとなく打立、扨御境石ニ而村中より預御迎ニ同行中賑々敷帰り申候

はる〳〵と思ひを掛し都より

此古郷の都らしさよ

（七十五頁）

とある。

村近くに帰えり着いた一行は、「山家《やまえ》」（筑紫野市の大字）で髪を調へ風呂にも入り、村からも代表が出迎えに来た。そこで皆と一緒に一献傾け、出発した。村の「境石」では多くの村人が出迎えてくれ（坂迎え・酒迎え）、にぎにぎしく帰宅した。

なお、例えば肥前平戸藩が発した法令（伊勢参宮に関する）によると、延宝九年（一六八

一）六月付の『冠婚葬祭之御教法』には、「伊勢参宮之者帰候節、さか迎道ふるひ之儀、夫ニ及間敷候間、向後相止可申事」（傍点部は筆者の注）とあり、また天保十三年（一八四二）の『旅食住仰出』には、「伊勢参宮仕候節、土産銭別は勿論、送り迎酒盛停止の事」と、伊勢参宮そのものには何ら制限は加えていないものの、参宮に際しての出発時、帰省時の送迎行事・酒盛及び土産・餞別などを厳しく戒めている（『伊勢御師と旦那』久田松和則氏著、一七七―八頁）。「さか迎え」とは酒迎え・坂迎えのことで、親類・近隣者が無事の帰着を近くの峠で迎えたり酒宴をすることである。また「道ふるひ」とは、『佐賀弁小事典』（福山祐氏著）の「どー

伊勢両宮（参宮）曼荼羅図［部分］。戦国時代。内宮の曼荼羅。下の橋は宇治橋で大人も子どもも銭拾いに熱中している（江戸期の名所図会のように，網棒を持っていない）。橋の上の上流では禊ぎをしている人もいる。また中央左側の建物がご正宮で、その周りを小社が囲んでいる。八十末社である。その前には天秤棒をかつぐ二人がいる。中には，黒い物がいっぱい入っており、恐らく末社へ供えられた賽銭であろう。（神宮徴古館農業館提供）

ぶりー」によると、「道振るい――団体旅行後の慰労会（埃流《ほこり》し）」とする。八女地方を領する柳河藩では、このような禁制はなかったのであろうか。

最後に和歌が一首添えられている。表向きは伊勢参宮が目的ではあるが、旧都奈良や京都・大阪などの名所見物。つまり買い物や芝居も含めた、一生一代の物見遊山の旅でもあった。永年あこがれの「都」より、故郷はやはり住めば都である。長旅とその疲れに、古郷がなつかしく感じられたのである。

## 二　浮羽郡須川村よりの参宮

次に紹介する資料は、福岡県朝倉郡朝倉町大字須川来光寺の古賀恵氏所蔵の古文書である。題名は古賀新五郎重吉が記した『天保六年乙未正月廿四日出立、伊勢参宮道中日記』（『朝倉町史資料集第四集』朝倉町教育委員会）で、筆者は須川村（旧福岡藩領、村高は「天保郷帳」では一四〇四石。朝倉郡朝倉町の大字）の庄屋である。
本書の「はじめに」によると
原本は横十二糎・縦八糎の小型で、道中携行に便利な形をしているが、実際は道中で記されたものでなく、帰着後、後人の参考にと考えて書かれたことが文中に伺える。
記録を読み、その足跡をたどってみると、里程の記録の正確さ、一日の行程の長さ、宿泊料、物価、貨幣の両替えの相場の記録の緻密さなど、交通史の資料というべきであろうが、参宮という行事がどんな意味をもっていたか、或いはどんな慣習でおこなわれたかなど、当時の生活様式の一端をしることができる点で町史資料としての意味を持っていると思われる。（一頁）

とある。

本書は「はじめに」でも紹介しているように、参宮道中記として第一級の資料で、当時の様々な出来事、情報を知り得る。これから日付を追って新五郎重吉の日記から、主な行動、道中の出来事を紹介する。

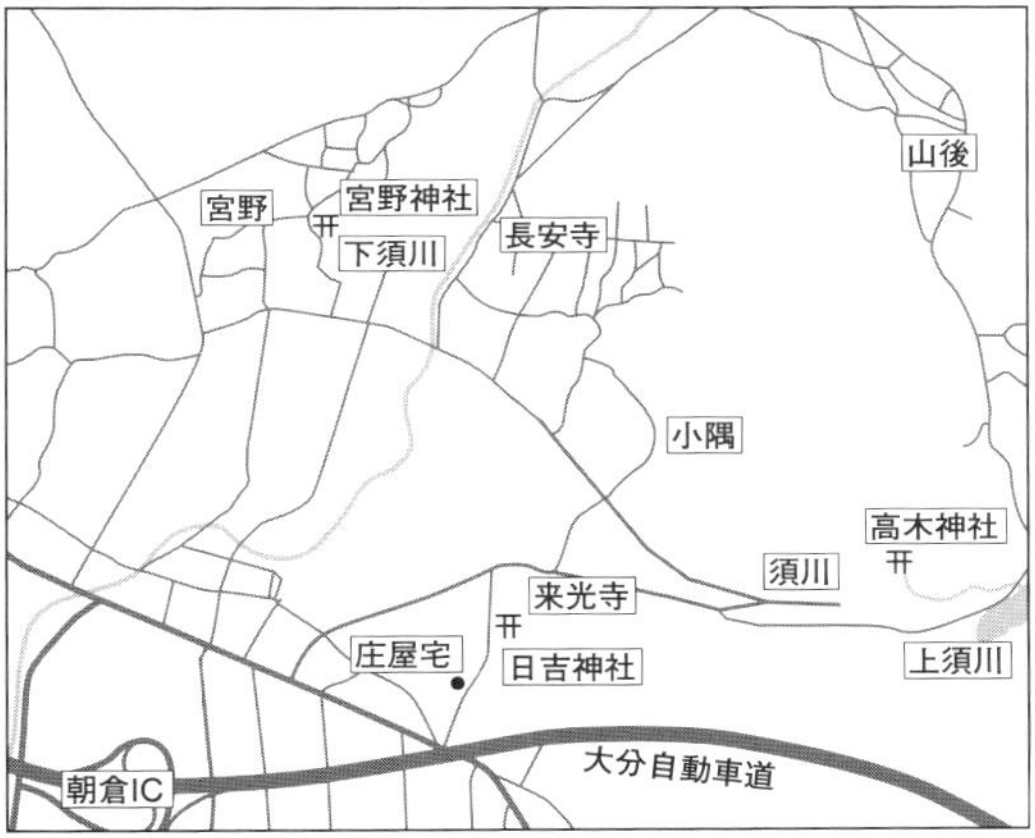

須川村（旧朝倉町）周辺

出立の日は、「宮野宮ニて門ト送り衆と酒肴飯披露」とあり、下須川の宮野神社で、村人達と送別の酒宴を開いた。そして来光寺宮・下須賀宮（宮野神社）でも散銭し、長旅の安全を祈願したとある。この内「来光寺宮」とは、来光寺集落に鎮座する「日吉神社」のことであろう。

長安寺集落

一行は二十九日小倉で全員集合したとみえて、同行中の名を列記している。「来（来光寺）十六名」・「下（下須川）七名」・「長（長安寺）十六名」・「山（山後）廿三名」・「小（小隈）十二名」・「上（上須川）二名」、つまり合計六十四名の大所帯である。名簿に依ると、拙者（日記の筆者）以外は組頭が二名で、他は一般の百姓であろう（妙順法言という僧侶らしい名も一人ある）。

一行は（全員ではない）、二月二日「山口大神宮」（山口市滝町）に参詣し、神主殿方で一泊。そして二月三日には防府天満宮に参詣し、そこで船三艘を借りる契約をしている。「とのみ」（富海）の船頭と、次のような定書きをした。

覚

一、岩国・宮嶋・広嶋

一、さぬき・瑜伽・室上り之事

右之通無相違付可申候、尤運賃拾七人分金子壱両三歩三朱、内壱両受取、残三歩三朱むろニ而受方可仕候、尚又飯代壱人前八拾文宛と〆受方可仕候　為其一札相認メ指上申置候

以上

天保六未二月三日

宮市舟問屋　大和ヤ善右ェ門

とのみ船頭　要藏

筑前御客御連中様

来、山、長、下、壱人ニ付　舟ちん七百六十六文宛、三度喰八十文宛金七両壱朱、右六十弐人わり　又壱人前一日飯代八拾文定

二月四日に富海で乗船し、岩国へと向かった。前記の「小・上」の記述がないので、計十四名はそのまま陸路をとったものと思われる。この日は「錦帯橋」をみてそばを食い、暮六ッ（午後六時）に「宮嶋」へ着いた。

二月六日明六ッ（午前六時）、陸路組と一緒に「宮嶋弁財天様」（嚴島神社）に参詣。この日記には、嚴島神社とその周辺の記述はなく、ただ「沖の御とりい（鳥居）戍亥向也」とのみある。

一行はその後「広嶋城下」と町並みを見物し、「東照権現様」へ参詣。「此宮誠ニ参詣不致候ては美成事不知、中々申ニ無斗、委敷ハ其節之日記ニ記有之也、広嶋ニ上リ候ハバ、是非此宮ニハ参詣いたし可申候事」とある。広島の東照宮の素晴らしさについては、その日その日に記した日記に詳しくあるという。筆者は、参宮道中記を日々走り書きし、帰宅後あらためて清書し直している。本書はその清書本で、詳しくはその節の日記にありという。そして広島の名物、浜川町の「鯛の鮓し」壱桶を注文（代三十八文、吸物・鯛薄身も含む）し食している。そして、「諸所名物多しといへども、外の所にて喰うニおよばず、名所名物皆名の

み斗也、此所の鮓斗、誠ニ大吉〳〵」とある。一行は、参宮道中で恐らくその土地の名物を食したことであろうが、日記中には名物の記述は少ない。これはよほど美味であったとみえる。

二月八日は多度津へ着船し、金比羅参りの予定であったが、一里ほど行き清右衛門が昼の「たこ」に当たり腹痛を起し、「来」の同行中は一同引き返し、船中泊。翌日、善通寺（香川県善通寺市善通寺町、真言宗善通寺派大本山）と金比羅宮へ参拝。

二月十日は「備前瑜伽《ゆが》山麓」（岡山県倉敷市の児島半島中央部にある。ゆうがさんともいう）へ着船し（当初は室まで乗船の予定）、船賃を精算した。「是より陸いたし、ゆふが山参詣」とある。十四日には書写山に参詣。前日の宿の弁当は、「下に干菜をほとバかし、其下敷ニ致、其上ニ飯つめ遣し候ニ付、殊之外飯少くして、同行中連に難渋立腹申事」とある。その日は姫路（城の説明なし）を通り、「御着《ごちゃく》」（兵庫県姫路市御国野町）で一泊。「御着、此所ニ筑前国殿様御墓瓦家ニ致有之」とある。自分達の領主福岡城主黒田の殿様の先祖墓があるというので、見聞がてらに墓地へも足を運んでいる。御着には、黒田官兵衛（如水）の祖父重隆・母などの墓がある。黒田官兵衛は、最初御着城主小寺氏の家老であった。ここには、黒田藩主家によって建てられた黒田家廟所がある。「△山ノ口、銭百廿五文宛、壱朱代四百拾五文宛」とある。本日の旅籠代は、一人銭一二五文である。なお前日の宿代は、一二〇文であった。また一朱の両替代金として、四一五文を支払っている。

十七日は大阪で一泊。「住吉宮」（大阪市住吉区住吉）へ参り、堺へ向かう。ここでは、一行の一人「左内」が不快になり、鍛冶屋で昼飯・休息した。ここで買い物をしたが、「右之処ニて此後の人鉄物買被申間敷、甚高直也、大坂道具ヤニて求候方下直也」とある。当日は、「右左内いたみ《（痛）》ニ付早とまり《（泊）》、大坂より是迄五里」とある。

当時の旅は早朝に（夜明け前）出発し、通常は七ッ（午前四時）ないし六ッ（午前六時）である。そして夕方は早め（夕暮れ前）に旅籠に落ちつくのが、鉄則。

二月十八日は十六里歩いて、高野山の宿坊「本覚院《ほんがくいん》」（和歌山県伊都郡高野町。別格本山で、本尊は不動明王）に七ッ（午後四時）頃に着いた。ここで一泊（一人前三百文余ずつ事前に出す）。「本覚院こん立」（夕食のメニュー）を明記している。ここでは御守類を買求め、高野山の不思議を書き留めている。翌日は高野山奥の院を参詣し（この日も膳の献立を記す）、大和五条へと下っている。

榛原の町並み

二十日は吉野山の「蔵王《ざおう》権現」（青峯山修験本宗の総本山金峯《きんぶ》山寺《せんじ》の本堂。国宝）「吉水院《きつすいいん》」（吉水《よしみず》神社）を拝観し、「多武峰《とおのみね》」に登り、「鎌足権現」（談山神社）に参詣。その日は同行中の「忠助・幸次」が不快につき、世話をしている。ここで一泊の申し合わせのところ、拙者は知らなかったというので、庄屋らは「岡寺」（奈良県高市郡明日香村、真言宗。西国七番の観音霊場）へと下り「岡町」で一泊。二十二日は奈良に入り大仏（奈良市雑司町にある華厳宗総本山東大寺の大仏。国宝）に参詣。一行の内拙

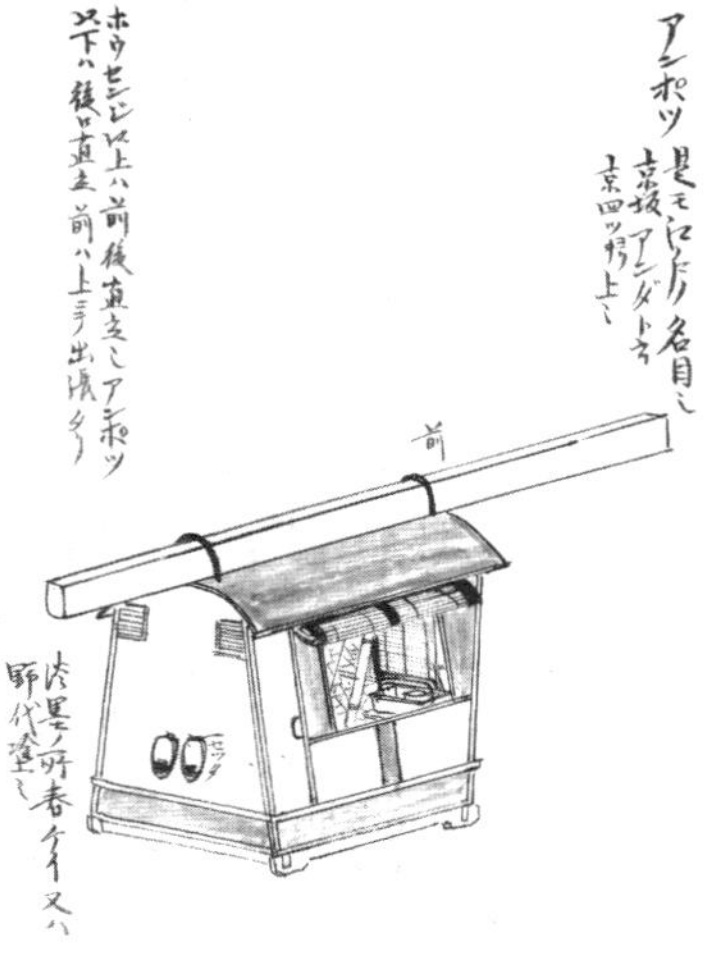

京・大阪：あんだ／江戸：あんぽつ（『守貞謾稿』）

者を含め四人は、「ひかり」をした。

日記などにたびたび「ひかり」が登場するが、これは阿弥陀仏のひかりである。この言葉は大分県を中心として、九州中部より北に分布しており、室町時代の「阿弥陀光」を語源とする方言である。このことを論証したのは元大分大学教授の渡辺澄夫氏で、ひかりの内容は酒（肴・飯がつく）を主とし、「一升びかり」とか「五合びかり」とかいった。くじを引いて金銭を出しあい、共同飲食をすること。出し方は、くじ引きにより差をつける所や篤志家が出す場合もある。しかし一般には、頭割り（割り勘）に均分するのが普通。ここでは「酒中分の所」とあり、割り勘であった。

翌日は三輪を経て「初瀬《はせ》寺」に参詣。「はいばら」（奈良県榛原町）で昼食し、幸次が痛んでいるので、予定を早めて一泊。二十四日には、幸次が「痛気」というので牛馬を雇ったが都合が悪く、人を雇って「案駄《あんだ》に乗せ」ていった。凡そ三里に、丁銭五五〇文と外に二十四文を支出している。幸次はその後も、この日合計五里ほど駕籠に乗っている。

二十五日には、伊勢が近まったというので、「にがき」（三重県松阪市飯南町。仁柿川に沿って、大和と神宮を結ぶ伊勢本街道が通っている）より「中川・銭屋久兵衛方」（半旅籠）

へ、先触れに急ぎ遣わしている。同日は、仁柿で一泊。
以下、伊勢周辺の記述は、全文そのまま紹介する。

一、おふかより田丸城下ニ弐里半、内五十丁壱里一ッあり
一、田丸より中川江四拾丁、此所船渡有之候得とも、大神宮より之事ハ渡銭出銭ニおよばず、七ッ半過銭屋久兵衛方に着、泊り
△同人方半旅籠と申候得とも、壱人ニ付百廿文宛受取申候
同夕藤本八郎太夫より伊勢海老八ッ酒弐升、拙者・清右ェ門
・左内・政助・藤七・儀助・忠助・左八・喜作・茂十・茂作
・弥四郎へ被下候。残之五人、元作・茂平・孫四郎・儀三郎
・幸次ハ、中川釆女殿着。夕久兵衛饗応献立。太夫殿酒肴披露いたす。
皿　ぶり　汁
小皿　大こん、干かき
平　とふ婦　飯
同夕、甘木合谷権平同宿いたす。

「おふか」（相可）は、三重県多気郡多気町。「田丸城下」は、同県度会郡玉城町。これらを通る道は、「伊勢本街道」である。「中川（原）」の銭屋久兵衛方は「半旅籠」というに、

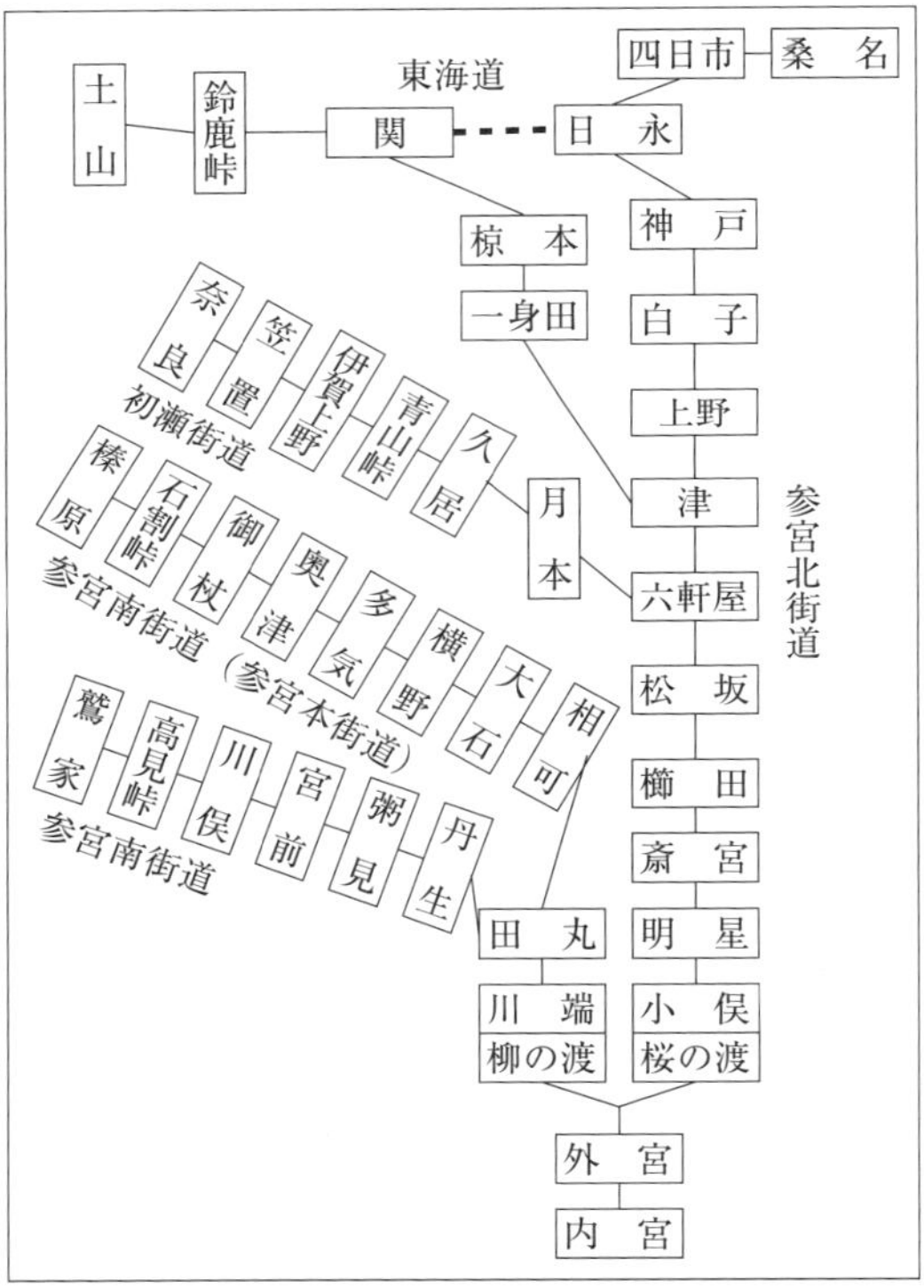


神宮への街道（『伊勢神宮』を参考に作成）

通常の宿泊費を受取ったという。半旅籠は「片旅籠」ともいい、山田の町の入口にあたる中川原に、片旅籠茶屋があった。御師の手代が、参詣者をここで出迎えるのである。半旅籠は、御師の経営によるものではない。そのため天明ごろには不法に営業する者が増え、御師の権利を侵害するものとして、厳しく取り締りの対象となった。

日記筆者の「御師」である「藤本八郎太夫」へも、半旅籠から連絡してあり「伊勢海老八ツ、酒弐升」が届けられた（計十二人へ）。残りの五人は、「中川釆女」という別の大夫邸で泊った。「御師」は、それぞれ地域・家毎の縄張りがあり、同一村内でもこのように御師が別であり、それぞれの関係する御師邸に逗留したのである。

寛保三年（一七四三）当時の「山田師職名帳」をみると、「藤本八大夫」は「一志久保町」に名があり、「中川与大夫・中川与兵衛」は「八日市場」に名がある。この参宮記が記された天保六年（一八三五）より九十二年前であり、曽祖父（？）の名であろうか。御師の数は、前記寛保三年当時は山田のみで、五五三軒ありという。

同夕は、甘木（福岡県甘木市）の道者も同宿になっている。

二十六日の日記は、次の通り。

天
朝六ッ半頃久兵衛方出立いたし、藤本八郎太夫殿方之様ニ参ル。同方献立
くり　皿　するめ
吸物　もち　皿　香物　白こんふ　な
膳
皿　切身　汁　とふ婦　糸目　人参
煮付　ゆず　寒とふ婦　こんにゃく
○銭百廿文　不請払
御祈祷受ける。

夫より外宮参詣いたし八拾増（末）社参詣いたす。天の岩戸拝見不致、是より馬ニ乗り内宮の様参詣いたす。

是より浅麻（朝熊）山江七拾弐丁登山いたす。こくうぞう（虚空蔵）参詣。浅摩霊方万金丹五粒いり五拾ふく（袋）買、壱粒ニ付三文宛。是より廿五丁下り、浅摩村大坂屋源太夫方ニて昼飯仕廻、右昼飯肴酒一切藤本八郎太夫より仕出也

　こん立

煮染　鮑、瀬戸貝、椎茸、かんひよふ、氷こんにゃく、焼しひ、大こん塩漬

〆　併廿四

夫より太夫殿方之様ニ銘々馬ニのり行て……候上、拙者並清右ェ門江扇子弐本宛被下候事、馬士江銭九拾六文遣ス、風呂相仕廻候処、御茶出ル、太夫……

△本膳

　鱠――のり、人じん、大こん、くもじ、切こん婦、

　　みしまのり、やす

汁――青ミ、とふ婦

香物

糸目――干せんまい、せとかひ

〆

向鉢ニあわひのかひ焼

二――ほら、人しん

猪口――人じん葉、干大こん、こぶのり、

石みそわへ

平――じょしん、柑たけ、うずふ

〆

御茶菓子――まんじゅう、らくがん

伊勢女郎町　古ル市

あけや――扇子屋、満寿屋、杉本ヤ、拍子や、油や、小川や

朝熊の名物、「万金丹」を購入。五粒入り五十袋を買い、一粒三文とある。また通常の参宮記と同じように、伊勢での食事品物を詳しく記している（ただし、味などの食感・感想は何もない）。

庄屋一行は伊勢外宮・内宮・朝熊山へと参拝したが、神宮で何を願ったのか、民衆の意識を伺うような感想は何もない。また外宮から内宮までの「間の山」・古市での様子も記されていない。太夫宅での本膳を記した後、伊勢女郎、古市「あけや」を屋号のみ記す。一行は、本膳を食した後、古市の女郎屋へ繰り出したのであろうか。

「伊勢参宮大神宮へも一寸寄《ちょつと》り」という川柳があるが、参宮者は一寸だけ立ち寄った神宮の外にどこにいったかといえば、古市の遊廓である。ここは全国屈指の遊び場で、一日中三味線の音の絶えることのない所。

多くの道中記が清書されているのは、それが自分の備忘のためだけではなく、他人に見せる

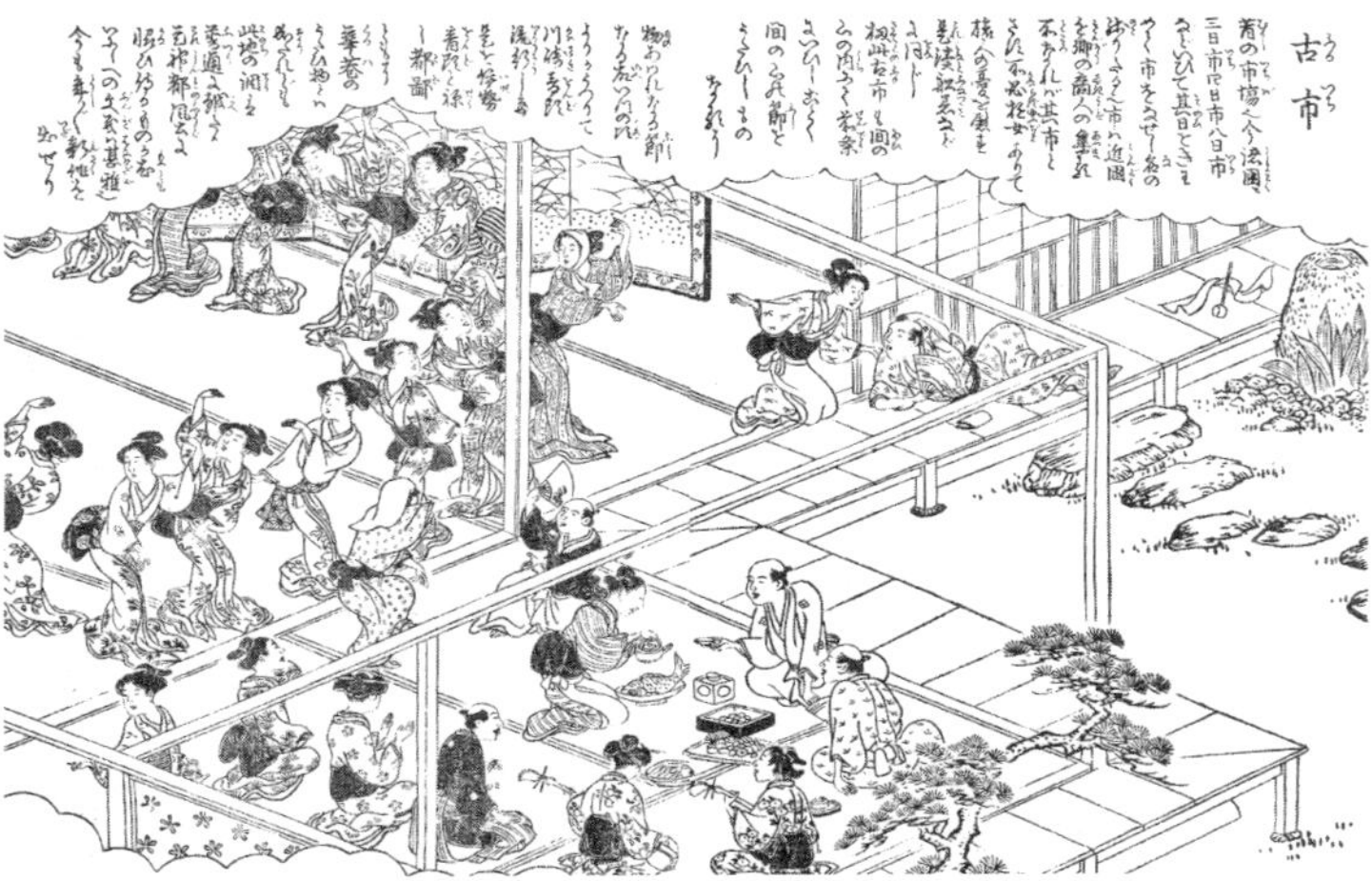


古市（『伊勢参宮名所図会』）。間の山に接する古市には遊郭が栄えた。天明年間（1781～89）には，古市に324軒の人家があったが，そのうち妓楼は70軒，遊女は1000人を超えたという。参詣者の増加に伴って，古市は一大歓楽街になった。有名な大店には内部に舞台があって，遊女たちが伊勢音頭を歌い踊った。この絵は遊郭に案内されて接待を受ける場面で，座敷では三味線の伴奏で遊女が伊勢音頭を歌って踊る。男性はその中から相方を決めた（『別冊太陽伊勢神宮』）

ため、これから伊勢参宮をする人々に見せるためのものでもある。ましてや代参講での参宮では、会社の出張報告のようなものである。一般の道中記に、古市の様子を記したものが少ないのは、サラリーマンが出張報告に夜の行状まで書かないのと同じである。

二十七日の日記は、次の通り。

天

朝本膳

鱠——切身、大こん、人しん、青ミ

汁——とふ婦、青ミ

香物

糸目——ひしき、とふ婦、みそわへ

飯
二ノ膳
皿――さし身、ぶり、猪口ニからす酢味噌
猪口――わかめ、千切大根
平――切こんぶ、やす
〆
向之鉢ニ鯛の浜焼、御酒出ル

右相仕廻、銭屋久兵衛方之様ニ引取、二タ見か浦江参ル、中川より弐里拾五丁。右見物ニまいりかけ塩相川船渡、銭六文出ス。是より二見か浦江廿五丁、堅田大神宮ニ参詣、興玉大神宮ニ参詣いたし、二見石宮参詣。すかひ、二見貝相求ル、此所伊勢国御領也。

右の見物帰りも塩相川ニて正銭六文宛出ス。余程急き候得とも及暮ニ。尤昨日小隈清次不参由ニて、今日拙者共同道いたす。夕五ッ半過きいの国おばた（小俣）着、中川より拾丁有之。

△木屋長兵衛方ニ泊ル。此方ニて紙たばこ入類求ル。山ノ口百拾六文。幸次儀は脇やど致ス。

この日は二見ヶ浦を見物し、「興玉神社」（三重県伊勢市二見町）へ参詣。「小俣《おばた》」（三重県

夫婦岩と興玉神社

小俣町）で一泊。一行はその後、「津」・「関」から鈴鹿越えをして、「水口《みなくち》」（滋賀県水口町、東海道の宿駅）・「草津」・「大津」・「坂本」を経て比叡山へと登っている。そして三月二日には、京都三条小橋に宿している。

三日は京を東回りで、名所・旧跡を巡拝している。この日は「禁裏様御庭拝見仕ル」とあり、御所（旧皇居、京都市上京区京都御苑）にて節分豆及び御神酒をかわらけ（土器・盃）と共に頂戴している。また「御守」を請け、「御門の御砂」を二十三文にて買受けている。

三月四日も、京見物に諸所出かけている。また種々の買物をした。この日の日記には、「嶋原一夜あけ代、銀七拾五匁、雑用此外ニ相成。祇園町金壱歩、雑用外也、右遊女あり、可楽也」とある。日記の筆者らも、ここにて楽しんだのであろうか。必要な遊び代を記し、希望を述べたにすぎないのであろうか。

五日・六日は、種々の物品と値段が記されている。お土産や依頼品の品定め、買い物をしたようだ。七日には、京から伏見へ出て、「おふばく町」で一泊。八日は、黄檗山（萬福寺）へ参詣。宇治では、幕府御用達の「茶屋通圓」という茶店で、銀三十目の茶を五箱購入した。日記には「全体極上茶ニて壱斤金壱歩之由之処、外ニ茶店無之と在、無致方相求メ候処、此町先江通候処、外ニ段々茶店有之候ニ付、甚残念之仕合成、右ニ付以後茶メ候ハバ、何軒も直段聞合、茶見居宜分相メ可然、中々初ての事ニて八相分不申、残念〳〵」とある。日記の筆者は宇治での失敗談を素直に記し、後の参宮者への教訓としている。

その後浄土宗の「平等寺《びょうどうじ》」（平等院、宇治市宇治蓮華にある寺、鳳凰堂を中心とした周囲に池を回らした庭園は、国史跡の名勝）へ参詣。次に岩清水八幡宮へ参詣。「誠ニ美ニして景しよくよろし、金比羅宮か広嶋東照宮か八幡宮かと申所也」とある。今度の旅行中で、拙者（日記筆者）が印象に残った建物の景観・装飾などの荘厳さからみて、三カ所の一つに数えている。

三月九日は、淀川を船で下り大阪の宿へ朝五ッ時（午前八時）着いた。昨夕より仲間の「幸次」が途中で痛み留まっているというので、四人で迎えに出ている。

石清水八幡宮

十日は、幸次を荷《にな》い連れ帰えり看病した。幸次は、十一日朝五ッ相果てた。「段々評議之上連れ帰ル相談ニ相成、瓶買求、からはいしほニてつめ込」とある。遺体を火葬にせず、塩を体につめ込み保存処理した。十二日・十三日の日記には、幸次一件の後仕末や土産の買い物、品さだめをしている。

この中に、「絵四枚代、弐百五拾四文、来光寺小堂ニ拾五人ニ而上ル、稲荷様・太子様・観音様・からん様」とある。大阪では、郷里の産土神社に奉納する参宮絵馬（板製）を買入した。

同行十五人で、庄屋の近く来光寺の小堂に、他は恐らくやや小型の物を三枚求めて、それぞれの小堂へ奉納したものと思われる。

なお、来光寺という寺院はかってあったが、現在は廃寺。この小堂が寺のことなのか、あるいは来光寺集落にある日吉神社（山王社）なのか判明しない。筆者は同社を調査したが、一行が奉納したこの時の絵馬は確認できなかった。

十三日は大阪に商業で来ていた「若松」（北九州市若松区、洞海湾に面した重要な港がある）の帰えり船をチャーターし、船中泊。十四日は出航しないというので、「天王寺《てんのうじ》」（四天王寺、大阪市天王寺区にある和宗総本山。略して天王寺ともいう）へ参り、芝居見物をした（船中泊）。翌日朝六ッ時（午前六時）大阪を出発。

二十一日には、「備後ともふ（鞆）ニ四ッ頃（午後十時）」に着いた。ここは、古代以来の瀬戸内海の港町で、現在の福山市。日記には、鞆の名物である保名酒のことが記されている。「保名酒《ほうめいしゅ》屋酒名覚」として、「梅酒壱升代、銀拾匁一分」以下計九銘柄が記されている。一行は「ほうめい酒・忍冬酒相求、右酒程々呑んで見る」といい、梅酒に次ぐ値段の酒を二種注文し、味見をしている。同所で一泊。

保名酒は、日本古来の滋養強壮薬味酒で、高麗人参など十六種類の漢方薬を配合したもので、白ワインのような色と甘さが人気である。

そして二十九日には、ようやく若松に朝五ッ頃無事に着いた。同所よりは川船で黒崎へ。庄屋の乗った船とは別の船も追い付き、一同黒崎で一泊。ここで二人が「先打ニ帰ル」とあり、帰着の近いことを郷里に先触れした。この日の日記には、「右喜七船より上り候節ハ、各銭たらす、大方上り難人も有之其上右船ニ乗込候十三日・四日宛、元作・弥四郎・茂作喰口迄も拾弐人より払候様ニ相成、甚だ難渋之次第有之候得とも、是等斗ニ而も無之、不幸一件ニ付候而ハ、皆々殊之外難渋なり、乍然船ハ兎哉角いたし上ル」とある。帰りの船に乗り込む頃には、持参の銭も底をつき、船値を払えない物も出た。また大阪よりの食事代も、他の十二人より借りて払ってもらう有様であった、また死者が出るという不幸一件で、殊の外難渋したようだ。

同所を、七ッ過（午後四時）に拙者・清右衛門は皆とは先に帰路につき、「木屋ノ瀬」（北九州市八幡西区、長崎街道の宿駅で、筑前六宿の一つ）・「飯塚」（福岡県飯塚市）を経て「天道」（飯塚市）で夜が明けた。

三月晦日、八ッ時（午後二時）「秋月城下」（朝倉市秋月）に着く。そこで清右衛門の従弟宅にて、昼食の「大喰ひ」をした。そして郷里の氏神「山王宮」（日吉神社）へ、七ッ頃（午後四時）に帰着。お礼の参詣をしたところ来光寺の皆々残らず宮まで参り、出迎えてくれた。そして、四月一日と二日にかけて、同行中がそれぞれ帰宅したとある。

以上道中の委細は「此帳にあらまし相記也」とある。そして最後に、つぎのようにこれから参宮する人々へのいましめ、自己反

来光寺の日吉神社

省を記している。

一、此後何れも伊勢参宮致候ハバ、必ず〳〵無往之者同行いたし申間敷、此儀第一也

一、又老人は老連

一、金持ハ金持連

一、貧者ハ貧連

一、若者ハ若者連

一、障あるは障有連

右の連を能〳〵自分の上と考合いたし参詣可致者なり。右無之節ハ宿元出浮候而、途中ニてかならず宿元より之申合と相違いたし、後ハ極々難渋ニおよひ候事、必す疑申間敷事也。

天保六己未四月記之

古賀新五良重吉

# 第四章　日向の伊勢参宮

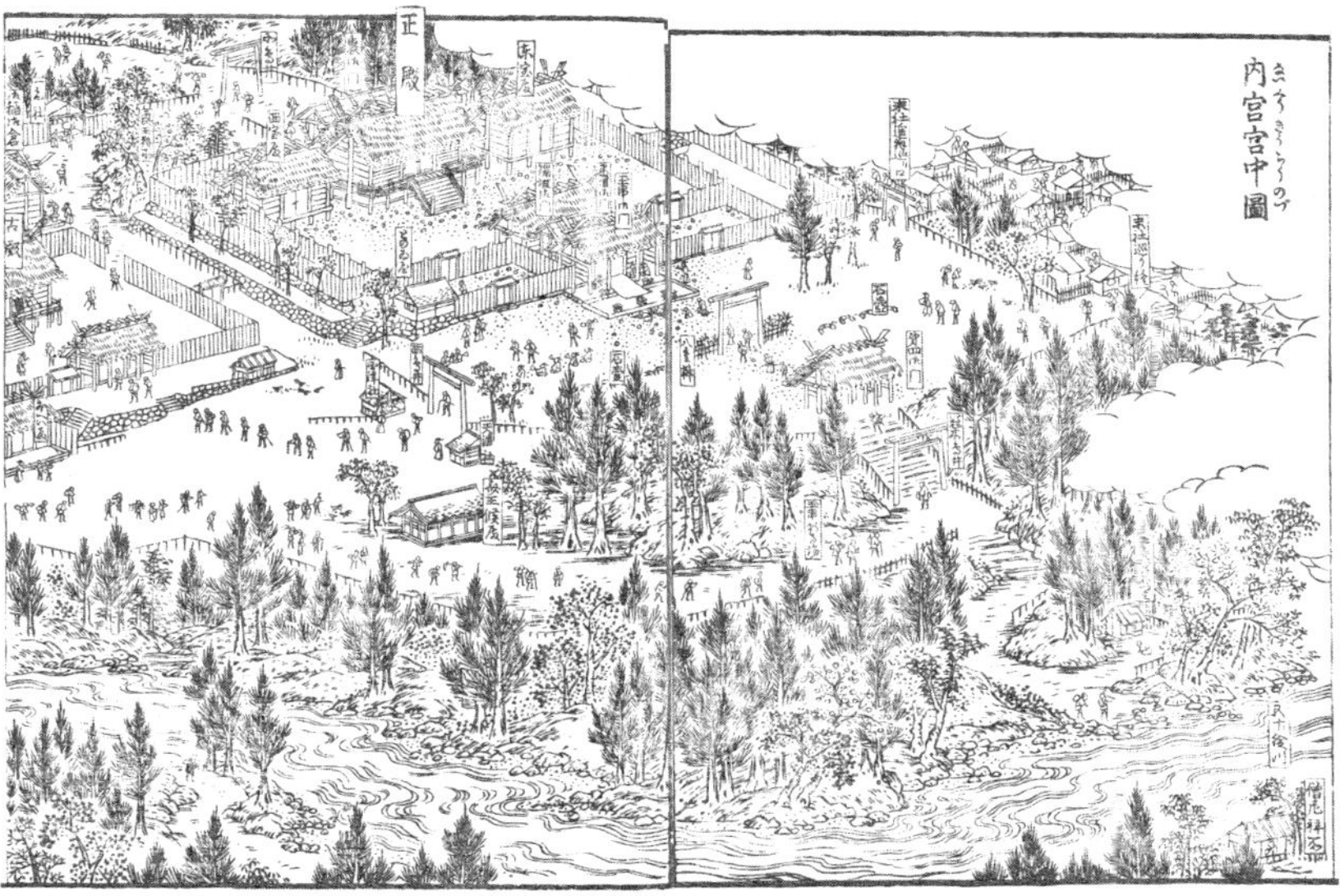


内宮宮中図（『伊勢参宮名所図会』）

## 一　伊勢参宮と西国巡礼

宮崎県の北部西臼杵郡日之影町の隣、高千穂町に伊勢参宮資料があることが判明したのは、延岡市教育委員会北方教育課の小野信彦氏のご教示による。高千穂町内には、天保三年（一八三二）の『伊勢まいり記』の類が六点存在する。同町三田井在住で高千穂町古文書講座の講師としてご活躍されている杉本晃一氏は、難解な古文書解読のかたわら実際その土地を訪ねて回り、資料の補註をされている。筆者は同氏の解読資料に助けられつつ、この項を進めることとする。

現高千穂町内からの、最も古い京都・奈良・伊勢方面への旅行日記としては、明和二年（一七六五）の『西国順礼道中日記』（ママ）がある。本書は、岩戸村第九代庄屋佐藤行信（同行者は六人。この内丈右ェ門・新左ェ門は、同村の村人か。それに延岡城下南町の次郎右衛門夫婦と鶴之介、中町の弥助の計六人）が記したものである。「家系覚書」によると、佐藤氏はもともと土持姓で、岩戸村（高千穂町）庄屋の七代目常信のときに、「佐藤」と改姓。行信はその孫で、信盛ともいう。

明和二年二月十一日に宿元（自宅）を出立し、同年五月十八日に帰宅するまでの、都合九十五日間の道中記である。岩戸村の村高は、「天保郷帳」に五七六石余とあり、村内に「天岩戸《あまのいわと》神社」がある。天照皇太神を祭神とし、天岩戸と称する岩窟そのものをご神体としている。

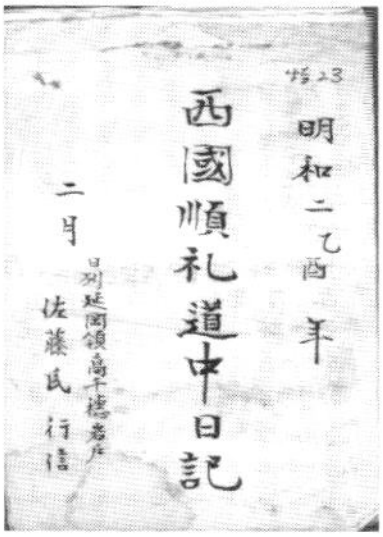


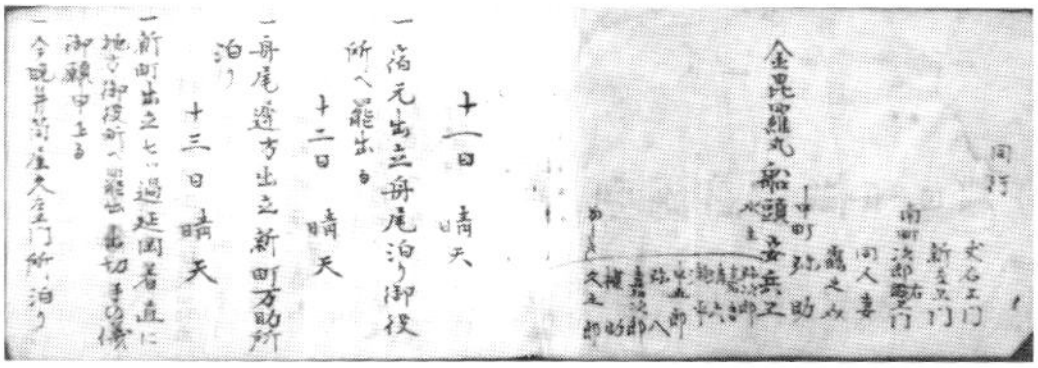

右：「西国巡礼道中日記」表紙
左：「西国巡礼道中日記」の本文冒頭（高千穂町コミュニティーセンター管理）

表題にもあるように、旅の主目的は「西国三十三観音霊場」巡礼の旅日記であるが、伊勢神宮へも参拝している。二月十一日の出発で、その日は「舟尾泊り、御役所へ罷り出る」とある。高千穂郷十八カ村の延岡藩（延岡を城地とする日向国二郡・豊後国三郡のうち七万石の譜代藩、藩主は内藤氏）の代官所が、当時七折村（日之影町）「船《ふね》の尾《お》」に置かれていた。

高千穂には、中世この地を治めていた三田井氏の家臣がそのまま土着していたが、延岡藩では彼らを郷士として優遇し、小侍と称した。寛文二年（一六六二）の「有馬氏高千穂小侍番面附」に五一人が記録され、天保十二年（一八四一）の「延岡藩分限帳」には、小侍一二六人・郷足軽五十六人とある。

高千穂地方に於ける近世の耕作状況はというと、延享三年（一七四六）の「御巡見様御通筋村諸事覚帳」（佐保家文書）に、高千穂十八カ村の村総高七〇七八石余、田畑反別二〇三六町余、うち田九十六町余、畑一九四〇町余とあり、水田が五パーセントにも満たなかった。そのわずかな田も前述の小侍など地主のもので、一般農民は米を食することがなく、どの村も貧しかった。

ゆえに百姓一揆や強訴・逃散が多く、近世中期以降でも「享保十

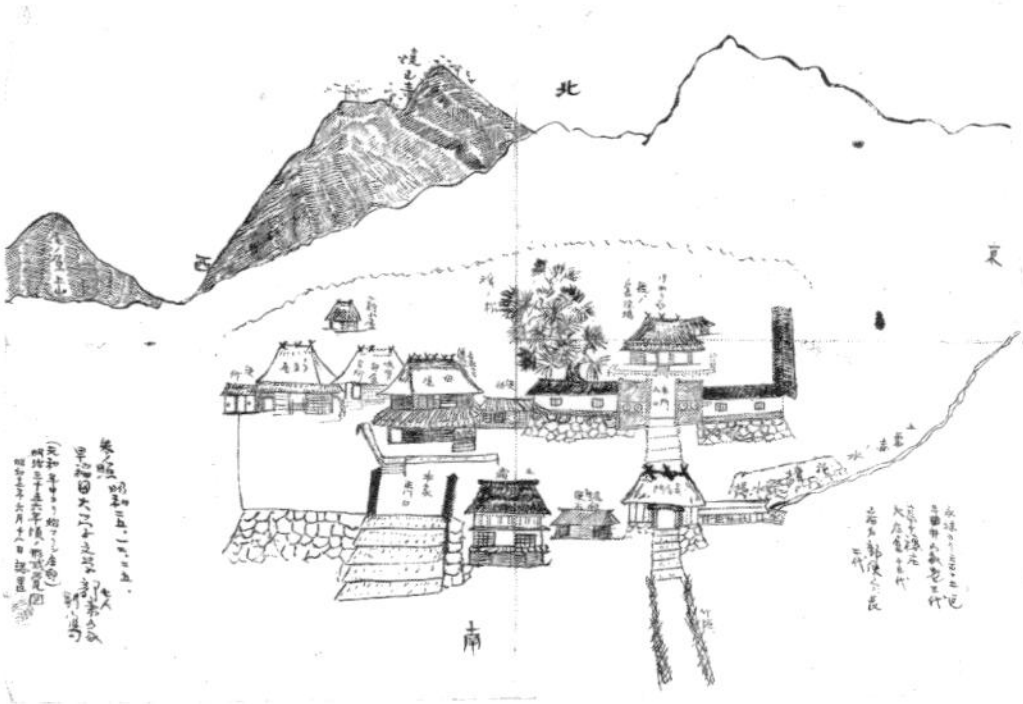


岩戸村庄屋鳥瞰図（高千穂町歴史民俗資料館蔵）。明治35年（1902）頃の記憶を基に描かれた旧岩戸村庄屋。右が役務所，左が庄屋屋敷。文化９年（1812）伊能忠敬一行が止宿した頃も，この構えであったろう。明治10年８月21日，西郷隆盛と薩軍幹部は，ここで休息。下段中の土蔵は「牢」，留置所にも兼用された。今は，時代の流れと共に建物も何ひとつない耕地である（『岩戸往還草鞋の旅人』鉱脈社）

年（一七二五）の上野村（高千穂町）・田原村（同）百姓の肥後国草ヶ部への逃散事件、宝暦十三年（一七六三）の上野村小又川百姓十三人の強訴事件・天保四年（一八三三）五ヶ所（高千穂町）百姓の豊後岡藩への逃散事件、その他三《さん》ヶ所村（五ヶ瀬町）・田原村・分城《わけじよう》村（日之影町）・鞍岡村（五ヶ瀬町）・七折村（日之影町）・岩戸村（高千穂町）にも百姓騒動があり、『高千穂町史』に記録されている分だけでも二〇件を超えている」（『角川日本地名大辞典』四五八－九頁）という。

このように厳しい生活の中にも、ごく一部の庄屋・小侍らは、九十五日間に及ぶ大旅行をするだけの工面ができたのである。今回の大旅行は、「伊勢講」などの講組織の代表としての代参ではなく、あくまでも個人的な旅であったようだ。

佐藤氏は庄屋でもあり、出発に際し代官所の役人へあいさつをしたのであろう。なお、同代官所は寛政九年（一七九七）に焼失し、その後は七折村の宮水に移転新築した。

右：船ノ尾代官所跡と高千穂往還
左：船ノ尾代官所近くの高千穂往還（肥後道）

十三日延岡城下に着き、「地方《じかた》御役所」へ出頭して「切手」のお願いをした。つまり出国に当たっての証明書・往来手形類を申請している。翌日にはその出切手を受取り、「大目付・御舟奉行御印形、御用所にて相済む」とある。出切手には、両者の花押（サイン）か印が必要であった。

十五日は井筒屋の金毘羅丸に乗り込み、「東海《とのみ》へ滞船」。東海は、北川・祝川・五ヶ瀬川の合流点にあり、城下延岡の外港的存在である。十八日、明け六ツ（午前六時）出帆。

二十一日は風悪敷く、臼杵城下（大分県臼杵市）より一里程の下内に滞船。城下見物に行く。翌日は「佐賀関」（大分市）の筋向かいに、二十三日は「家室」（山口県周防大島町）の近くまで来て、「此の所には女郎廿人ほど計りづつ居候由」とある。昼頃「御手洗」（広島県呉市豊町の大字）に掛かり、「来嶋瀬戸」（今治《いまばり》市の北方、大島との間の海峡、急潮流と航行の難所として有名）を抜けている。「御手洗の様子、遠眼鏡にて見る」とある。遠眼鏡（望遠鏡）を道中携帯したものか、舟の備品を借りて見たものであろうか。オランダ渡りのハクライ物で、恐らく船の所有物であろう。

二十五日には、多度津に上がり金刀比羅様（金刀比羅宮）へ参拝（片道三里）し、御守を受けている。その後、善通寺へ参詣。二十八日には室津（兵庫県南西部の播磨灘を臨む港、江戸時代は参勤交代の上陸地）へ上陸。翌日は姫路近くの書写山へ参詣。

三月一日には、西国二十六番札所の「法華寺」（兵庫県加西市）へ参り、四日は有馬温泉（神戸市北区有馬町）へ。このあとは、本来の目的の札所巡りの行動をとる。園部・福知山・丹後宮津・若狭小浜・今津から、十五日には琵琶湖の北部に浮かぶ「竹生島《ちくぶしま》」（滋賀県長浜市、古代から信仰の対象となり、南部にある都久夫須麻《つくぶすま》神社と竹生島観音が有名）に参詣。ここには宝厳寺《ほうごんじ》があり、西国三十番札所。

西国三十三ヶ所は、平安末期に成立した近畿地方一円に分布する観音霊場三十三所を回るもので、室町期から庶民が参加しはじめ、近世になって最盛期を迎える。弘法大師空海ゆかりの寺院を巡る西国八十八所とともに、日本を代表する巡礼地である。十九世紀のはじめ享和から化政にかけて、西国巡礼だけで一万五千から二万もの人々があったという。

巡礼者は木製の札（金属・紙製もある）に、住所・氏名・願文などを墨書し、札所ごとに納めていく。起源は相当古く、当初はその番付も定まったものではなかったらしい。西国巡礼が大衆化した十五世紀半ば頃から、現行と同じ一番札所紀伊国の青巌渡寺から、三十三番の美濃国谷汲寺《たにぐみじ》（現・谷汲山華厳《けごん》寺）に固定した。この巡礼路は、全行程二三〇余里（約九〇三キロ）に達する。

郡を含むこの巡礼が「西国」と呼ばれたのは、巡礼者の多くが東国の人々であったからである。巡礼コースの順番も、東国の民衆に都合のよいコースとなっている。

高千穂岩戸村の庄屋一行が旅する、明和二年（一七六五）の西国巡礼の旅であるが、享保二年（一七一七）刊行の『観音霊場記』などにより刺激されて、遠く九州高千穂地方からも巡礼を思いたったものであろう。

江戸期世の中が大平となり、交通手段・街道・宿の整備が進むと、農村の上層部にも少しづつ精神的・物質的にゆとりが生じた頃から、遠距離の旅が可能になってくる。またそれにつれて、旅行の名所案内類の出版も増え、名地の名所図会が刊行された。その内の一つに、『西国三十三所名所図会』（嘉永元年［一八四八］刊）がある。

竹生島の宝厳寺

十七日には「多賀大明神」（多賀大社。旧官幣大社、滋賀県犬上郡多賀町多賀）、十九日には「四日市」（三重県北部、東海道の宿場町）で泊り、二十日は「雲津《くもづ》」（三重県津市）で一泊。翌日は、伊勢神宮（外宮）の脚元山田の「石山屋」という宿で泊る。

二十一日からの神宮滞在の三日間は、原文のままに紹介する。

廿一日　丙申　雨天
一、雲津出立、山田泊り
　宿屋　石山屋
　此の間七里半
廿二日　丁酉　雨天
一、宿元出立、今朝太夫様へ着く
　直ちに外宮・内宮参宮相済まし
　朝熊岳へ登る、七っ過ぎ
　太夫様へ帰り着く
廿三日　戊戌　晴天　白雨
一、今朝太夫様出立、田丸御城下通り
　栃原へ泊り　宿主武衛門、此の間五里

従然の記述で、特に変わったことはない。通常だと、宮川を舟渡りした先の山田では、「半旅籠」といって神宮御師《おんし》と提携した宿屋が、御師のもとに道者《どうじゃ》（遍路・巡礼・回国ともいう）が来たことを知らせたりする。そうすると、御師の方では宿元へ酒・肴などを差し入れ、参宮者をおもてなしする。

二十二日は大夫邸へ着くと、直ちに外宮・内宮・朝熊《あさくま》岳の参詣を済ませている。通常は御師から、道案内と馬又は駕籠が提供され、夕食は二膳・三膳の大変なご馳走が用意され、その品々の全てを列記した道中記も多い。ここでは、御師へのお供え・初穂料など、何も記されていない。初穂料などのお供えが少なかったため、それらの用意が簡素化されたものと思われる。

二十三日は「田丸《たまる》城下（三重県度会《わたらい》郡玉城《たまき》町田丸）通り、栃原へ泊り」（此の間五里）とあり、翌日は滝原宮（度会郡大紀町滝原、皇太神宮の別宮）へ参詣した。向かって右が滝原宮、左が滝原竝宮《ならびのみや》。田丸は、大和国（奈良県）から初瀬《はせ》街道と、紀伊国（和歌山県）からの熊野街道との合流点で、軍事的要衝であった。南朝方北畠氏の拠点、「田丸城」（県史跡）があった。

『和歌山県の歴史散歩』（和歌山県高等学校社会科研究協会編）には、熊野参詣道（熊野古道・熊野街道）、伊勢路について、次のように記されている。

平安時代、熊野三山（熊野本宮大社《ほんぐうたいしゃ》・熊野速玉《はやたま》大社（新宮《しんぐう》）・熊野那智《なち》大社）への参詣道に、紀路《きじ》（紀伊路）と伊勢路があったことは、後白河法皇《ごしらかわほうおう》が編纂した『梁塵秘抄《りょうじんひしょう》』の歌によって確認できる。紀路は、京都を起点に、紀伊半島の西側（和歌山県側）を通るルートである。伊勢路は、紀伊半島の東側（三重県側）を通るルートで、伊勢神宮《じんぐう》に近い田《た》丸《まる》（現・度会《わたらい》郡玉城町《たまきちょう》）を起点とし、長島（現・北牟婁郡紀北町紀伊長島区）へ出て、沿

岸部を通りながら熊野三山に向かう。（中略）
中世の熊野詣《もうで》においては、厳しい修行を行った修験《しゅげん》の影響からか、紀路（中辺路《なかへじ》）が正規ルートとされていた。このため伊勢路は、近隣地域の参詣者の利用が中心となり、衰えた。一五～一六世紀頃、西国《さいごく》三十三所巡礼の盛行につれて復活し、近世になると、伊勢参《さん》宮《ぐう》後、熊野へ向かう東国の民衆がふえ、活況を呈するようになった。　（二一―四十八頁）

このように、熊野三山への参詣は難所も多く、西国からの旅人はそう多くここまで足を運んでいないようである。これに比べ、関東・東国の民衆は、伊勢参宮から熊野へ足を延ばし、高野山から奈良・京へ、そしてさらに四国の金刀比羅宮まで参詣するケースも多く見受けられる。
この日は、「時鳥《ほととぎす》の初音《はつね》」を聞いたとある。この道中記では、庄屋一行の宿代（旅籠代）など、金銭（諸経費）などの表示がない。たまに、道法・船賃が記されている程度である。

二十五日には「尾鷲《おわせ》」（尾鷲市）に泊り、「此の間八里の内、坂五つあり大難所」とある。この大難所の坂五つがどこなのか判然としないが、「女鬼坂《めきざか》・三瀬坂《みせざか》峠・荷坂峠道・馬越《まごせ》峠道」などであろう。一行は伊勢神宮参詣のあと、熊野への道をたどっている。翌日は「八鬼《やき》山《やま》越え三木（尾鷲市）に泊」っている。この日も「大難所」とある。八鬼山道は、西国第一の難所とされた峠道で、急峻で距離も長いが史跡が多い。この第一とは、西国巡礼の最初の難関という意味である。

『紀伊国牟婁《むろ》郡名所図会』には、この「八鬼山峠」のことを、「上り五十丁（約五・四キロ）、下り四十五丁、山路は険阻にして至って難所なり。地上に多く石を敷きて道を堅むるといへども、坂急なるを以て、杖をつき過つときには必ず転倒す。下りを慎むべし」と記している。巡礼者を苦しめた道である。八鬼山を越える前に、九鬼峠・三鬼峠を越える。この三鬼峠の左上すぐの所が、八鬼山山頂で、下れば「三木里」。

上：熊野路
下：熊野古道

熊野那智大社・青厳渡寺（『紀伊国名所図会』）。西国一番札所。①～③は筆者加筆。①青厳渡寺，②那智大社，③本宮道（熊野古道）

二十八日には「新宮へ参詣」とあり、熊野三社の内「熊野速玉大社」（新宮市新宮）に参詣。その後、「熊野那智山へ登り、瀧へ参詣、夫より観音堂并びに十二社権現へ参詣、三国一の瀧のよし」とある。このように日記の筆者は日々のできごとをただ単々と記すのみで、例えば那智の滝（高さ一三三メートル、国名勝）の高さなり幅なり、その状況といった具体的な表現がみられない。

那智（和歌山県東牟婁郡那智勝浦町那智山）は明治初期までは、瀧を中心とした神仏習合の一大修験道場であり、平安末期には「蜂の熊野詣」と言われる程の賑わいをみせていた。この参詣道・熊野古道は、平成十六年（二〇〇四）「世界文化遺産」に、「紀伊山地の霊場と参詣道」（和歌山・三重県・奈良県の二十九市町村にまたがる）として登録され、注目を浴びている。つまり、熊野三山・高野山・吉野・大峯とその参詣道が含まれている。

明治初期に「青岸渡寺《せいがんと》」と「熊野那智大社」（国史跡）に分離され、青岸渡寺（天台宗、国史跡）は西国第一番の札所。元来は、如意輪観音堂と呼ばれていた。

二十九日は熊野本宮大社（田辺市本宮町本宮）へ参拝し、それより「湯のみね」（湯の峰温泉）で入湯している。ここは浄瑠璃・歌舞伎などで伝えられる小栗判官《おぐりはんがん》が入湯し、元の勇者に立ち帰えったという伝説の湯。

なお、岩戸村庄屋一行が参詣した本宮大社は、現在地と異なっていた。つまり熊野本宮大社は以前、熊野川とその支流音無川との合流点に形成された、広大な中州《なかす》である「大斎原《おおゆのはら》」（国史跡）に鎮座していた。

しかし、明治二十二年（一八八九）の大水害によって社殿の大半を流出したため、祓殿王子社跡近くの山中に、流出を免れた上四社や東門だけが、同二十四年移転・再建された。

「熊野本宮并諸末社圖繪」（熊野本宮大社蔵）。
右が熊野川，左が音無川，その間にあるのが，
かつての熊野本宮大社

熊野本宮大社

四月一日は田辺を出発し「道成寺」（和歌山県日高郡日高川町）へ参詣し、安珍清姫の縁起を聞いている。翌日は「紀《き》三井《みい》寺」（和歌山市紀三井寺、第二番札所、救世《くぜ》観音宗総本山）と和歌山城を見物し泊る。三日は「粉河《こかわ》寺」（紀の川市粉河、第三番札所）へ参詣し、高野山へと向かう。四日は高野山来迎寺へ着き、奥の院へ参詣。「来迎院より御案内出る、所々参る所多し、来迎院へ泊り、志賀より奥の院迠三里、月牌建てる、御勤め之有リ参る」とある。

平安時代唐から帰国した空海は、山岳修行の地として紀伊山地のこの高野山（真言宗）を選んだ。都の近くにある、比叡山（天台宗）を修行の地に設けた最澄《さいちょう》に対し、権力中枢から離れた静かな修行地を求めたのである。

永代供養のため、月命日にお参りを依頼したが、この宿坊へのお礼銭や供養料などの記述も一切ない。恐らく、別帳に記したものと思われる。

五日高野山を出立し、翌日は「藤井寺」（第五番札所、大阪府藤井寺市）から「当麻寺《たいまでら》」（當麻寺）へ。七日は「長谷《はせ》寺」（第八番札所）・「三輪の大明神」（大神《おおみわ》神社）へ参詣。

八日には奈良へ入り、案内を雇い名所・古跡を見物し、宇治では「宇治本町かめ屋にて茶品々呑み、平等院へ参詣」とある。様々な等級の茶を呑みくらべ、恐らく何品かを購入したものと思われる。宇治で一泊。

高千穂地方も古くから茶の栽培は盛んで、木炭・木製品・椎茸などと共に、換金作物として製品化されている。

高千穂地方は傾斜が急で谷が深く、田の面積はごく限られていた。従って畑作が多く、焼畑もまた多かった。焼畑をすると、必ず茶樹が多く芽吹いたという。このことを『日之影町史九』（資料編四民俗）では、次のように記している。

かって、焼畑耕作を行っていた頃、ヒエやアワなど雑穀、大豆・小豆など豆類、それに里芋やソバ、大根などを、一年目、二年目、三年目と毎年に作付ける作物を替えて栽培していた。四年もしくは五年間、焼畑として活用した後はそこを放置し、樹木が生えるのに任せる。二十年から二十五年後に再び焼畑として利用していた。

焼畑耕作の後には必ず山茶が生育したという。どのような山林でも木を伐ると山茶が自然に芽ぶく。焼畑耕作を四、五年行った後は、その土地での耕作を止め、数年間芽ぶいた山茶を採取し、さらに雑草や潅木が生い茂ってくると完全に放棄する。しかし、屋敷に近い焼畑は穀物・豆類・芋類を栽培後、茶園として活用した。（三八八頁）

豊前佐田（大分県宇佐市安心院町）の本草学者賀来飛霞《かくひか》は幕末日向で、このような様子を見

聞している。弘化二年（一八四五）三月二十六日、「家代」（宮崎県東臼杵郡諸塚村）での飛霞の日記に、

山林ヲ伐リ払イ、大木ノ株ヲ二三尺ヅツ残シ、火ヲ放チ……此跡数年ヲ経テ、自然ニ茶樹ヲ生ズルト云。実ニシカルベシ。一ツ焼跡ニ数万本茶ノ生ズルヲ見タリ、宛モ人エニテ作リタル茶園ノ如シ。

（『高千穂採薬記』賀来飛霞著、九十一頁）

とある。

焼き畑は古来よりの農法で、山林原野を焼き地力のある三年から五年間作物を栽培し、地力が衰えると放置し、他でまた焼畑をする。諸塚では、これを「ヤボあるいはコバ」という。また飛霞は四月二十二日にも茶摘みの真っ盛りの状況を説明して、「この辺り（分城《わけじょう》）の茶を生産することは、他国の農桑と同様で、どの家も大いに研究して茶を造っている。そしてこれを、大坂へ出荷している。上等のお茶は、春に茶摘みして細かく丁寧に製茶する。今製茶しているのも、豊前や豊後の晩茶より大いに勝れている」（同書）といっている。

九日には黄檗《おうばく》山万福寺へ参り、「醍醐寺」（京都市伏見区、真言宗醍醐寺派の総本山）から「岩間寺」（正法寺、滋賀県大津市、第十二番札所）、それより「石山寺」（第十三番札所）へ出て、「三井寺」（第十四番札所）、「山王二十一社」へ参り「坂本町」で一泊。翌日は比叡山

から京へ出て、「清水寺」・「大仏堂」・「三十三間堂」など種々回り、「今熊野《いまくまの》」（京都市東山区、第十五番札所）で西国三十三番の巡礼を終了し、五条橋際で泊る。

十三日まで京に逗留し、翌日は石清水《いわしみず》八幡宮に参詣し、「橋本」より夜舟で「大阪」へ。帰りは船を利用するつもりであったが、二十九日の記事には、「船急に出申さぬ趣に付き、中国筋陸路罷帰る積りにて、大坂へ上る」とある、大阪より九州までの直通の船がないので、「明石船」に乗っている。「明石」（兵庫県明石市、明石海峡に臨む）から歩き、また「尾道」（広島県尾道市）より「小方」（大竹市小方）まで、舟路三十一里を運賃一人四匁三分で乗っている。その途中、「宮嶋」に参拝。

五月七日には、「岩国そろばん橋」（錦帯橋）を見学。その後十一日には、小倉城下へ着く。翌日は「はね木」（福岡県行橋市の大字）で泊り、十三日は中津城下を通り「宇佐の宮」へ参拝。

十四日は「かなごえ」（鹿鳴越、宇佐・立石から別府への主要道、速見郡日出町大字豊岡）を通り、「別府へ行き、府内屋太郎兵衛所泊り、湯に入る、十一里」とある。翌日は「由原八幡」（柞原《ゆすはら》八幡宮、豊後国一の宮、大分市大字八幡上八幡《やはた》）と「善神牛王」（賀来《かく》神社、善神王宮とも称す、大分市賀来、旧県社）へ参り、「谷村」（由布市狭間町の大字）に泊る。

十六日は「竹田」（竹田市）に泊り、翌日は「田原庄屋宅」（宮崎県西臼杵郡高千穂町大字田原）へ泊る（九里半）。十七日の記事には、「延岡より召連候弥助、阿蘇へ参詣いたし度よし申し候に付き、今日竹田町より遣わす」とあり、延岡城下中町の弥助は、別行動で阿蘇神社（熊本県阿蘇市一の宮町宮地、肥後国一の宮）へ参詣した。同行者の内延岡城下南町の鶴之介やこの弥助は、恐らく一行の「荷物持ち」として雇われた者達であろう。

本資料では、参宮者の帰途に際し、村人や親族が村境や産土神社で出迎えたり、酒迎えに関する記事がない。また餞別を受けた人々への、お土産などの買入記事もない。

日記の最後には、「頼み物覚え」が記されている。内容は四人から伊勢へのお初穂を、高野山では数珠を、また「和中散と万金丹」という名物の漢方薬を、さらには太文字用の筆や小型の阿弥陀仏を、あるいは大阪蔵屋敷の役人への書状などの、頼まれものの覚えが記されている。また「御役所」（船の尾）からは、筆（三拾匁分）と墨（拾匁分）を依頼されていた。

## 二　田原村庄屋の伊勢参宮

田原村（高千穂町の大字、村高は、「天保郷帳」に六二一石余）の庄屋佐藤氏の、参宮道中記を紹介する。

（表紙ウワ書）「寛政拾戊午歳（一七八九）二月吉祥日、伊勢参宮道中日記、佐藤郷七惟信」

二月八日宿元を出立し、「竹田」（大分県竹田市）で一泊。十一日には「府内」（大分市）へ出て、十四日に乗船して「深江《ふかえ》」（速見郡日出町）まで行くが、「風待ち」のため船が出ない。十五日は船より上がり日出城下へ出かけ、「松福寺え参詣する、寺内の蘇鉄を見物し八幡宮へ参詣」とある。松福寺は、日出藩主木下侯の菩提寺である松屋《しょうおく》寺の間違いで、本堂前の大蘇鉄は樹齢七百年で、国指定天然記念物。八幡宮は、日出城下の若宮八幡宮であろう。また十八日には暇なので（この日も出航しない）、杵築城下に見物に行くとある。十九日は、「本日も同所に逗留。雨天のためすることもなく、明石屋女郎九重・こと浦両人を呼び、終日酒盛りをして楽しんだ」とある。二十二日の日記には、「同所に逗留、女郎屋明石屋・関屋、柳屋三軒、先生・九重・こと浦・うき橋・歌仙・関の戸」とあり、女郎らを呼んで楽しんでいる。

深江の港

二十六日の日記には、「晴天に成ったので、夕方よりいよいよ舟に乗ることになったので、別れに九重を呼び、歌三味で終日酒盛りをする。午後四時過ぎに伝馬に乗り、元舟に乗る、午後八時頃出船いたし、夜通し順風に乗って走り……」とある。当時の船は雨天では出航できず、晴天を待った。風向きもよいので、小舟で元船へと移る。庄屋ら一行はよほど気にいったとみえて、女郎「九重」を何度も呼んでいる。

二十九日の日記では、「地家室《じかむろ》」（山口県大島郡周防大島町の大字）に停泊し、雨天で出航できずここでも地元の女郎を六人も呼び、酒の相手をさせている（これだけで終わったかは、知るよしもない)。古くから栄えた港には、かって女郎屋はつきもので、小舟で元船へ近づき出張サービスもした。

これについては、寛延三年(一七五〇)「豊後国富来《とみく》」(大分県国東市国東町富来)の三浦梅園が、伊勢参宮をした時の日記「東遊草」の三月十九日の、「讃岐丸亀より金比羅往来六里」の記事にもある。つまり、「船よばひする聲のみ、かすかにきこえてける」(甲斐素純著「三浦梅園の「東遊草」と伊勢参宮(下)」、『大分県地方史』第二二〇号所収)とある。参宮道中の途中であるが、身のつつしみといった様子はみじんも感じられない。通常これらの道中記には、後に続く人々のための道中案内にもなり、多くの人々の目に触れることが前提・想定されるものであるが、何ら気にすることもなく記されている。

一行は三月三日、船で「坂越湊」(兵庫県赤穂市坂越港)に着き上陸。五日は「書写山円教寺」、六日は「姫路城下」を見物。九日は尼崎より舟に乗り「大坂中の島」へ。十一日は堺へ、翌日は高野山へ登って一泊。十三日は吉野山へ行き、「金剛蔵王《こんごうざおう》権現」や「吉水《よしみず》院」などを見物し一泊(日記には高野山・吉野の詳しい説明があるが、ここでは省略)。

十四日は「多武《とおの》峰」(談山神社)から岡寺を経て、「桜井町」で一泊。翌日は「長谷寺《はせでら》」(西国第八番札所)へ参り、「初瀬町に下ると美しき留め女が厳しく留めるので、立ち寄り休み、蕎麦など食べ」たという。また「三輪明神」(大神《おおみわ》神社、三輪山を神体山とする神殿のない古い型式で、拝殿(国重文)の裏には三ッ鳥居が設けられるのみで、その奥は、禁足地となっている。)へ参り、「名物の三輪素麺《そうめん》に寄れと美女壱軒より拾人亦八人駆け出し引っ張

御油（「東海道五十三次」安藤広重画，東海道広重美術館蔵）。
留女が旅籠前で客引きしている様子が描かれている

り留めるので、茶屋により素麺を食べ休んだことだった」とある。どうもこの日記の筆者は、美人や女郎に弱いようである。観光地や名物を売る所では、ここにもあるような「留女」といい、彼女たちがかなり強引に自分の店へ客をひっぱり込んでいた。

その後奈良へ出て、案内を雇い名所・旧跡を様々に見て回っている。

十六日は、いよいよ伊勢参宮への道、名張城下（三重県名張市）で一泊。翌日青山越にかかり、伊勢路村（伊勢市伊勢路）の茶屋で休み、垣内《かいと》坂、「二本木村」（津市白山町二本木）を通り、大貫（大仰《おおのき》村）で一泊。十八日に、「御炊大夫様に着く」とある。

次に、外宮・内宮参拝の十九日の日記をそのまま引用する。

十九日外宮元に参る、四拾末社あり、それ

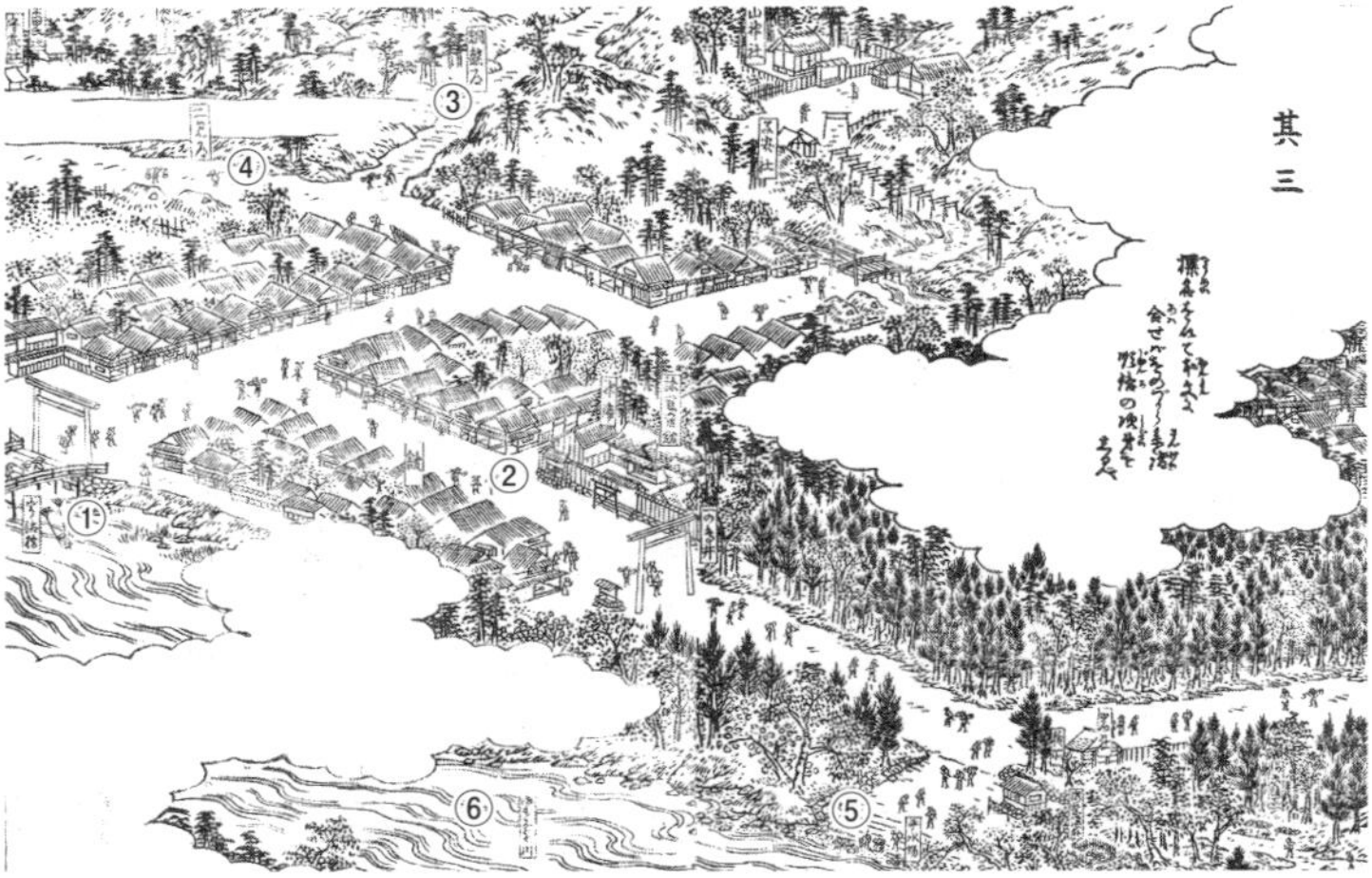


内宮宮中図其三（『伊勢参宮名所図会』）。①〜⑤は筆者加筆。①宇治橋，②御師の館が建ち並ぶ（明治22年に宇治橋前より火除橋に至る民家全部が撤去された），③朝熊岳への参詣道，④二見浦への道，⑤手水場，⑥みもすそ川

より直ちに五十丁を馬に乗り内宮へ参る。八拾末社あり、公方様の外宮御師は春木太夫・内宮は山本太夫、それより朝熊《あさま》嶽登り、十六丁登る、茶屋有り、太夫様より昼弁当、酒肴の品々御馳走になる、此の所に遠眼鏡あり、二見の浦・伊勢三郎義盛が植えたというまきへの松、少し上にたいらあり、義盛屋敷跡、伊勢大湊、三州吉田の舟の帆柱のつり縄まで見える、それより少し尾張・熊野浦・遠州江州、南は紀州海見える、それより五丁登り富士山見える、それより朝熊嶽に参る、本尊は虚空蔵、堂は九尺間三十一間、脇に九間四面の堂、仁王門の額は日光宮様の御筆也、町に下る、万金丹を買う、太神宮御宮、二十一年毎に新規に御建て替え、上宮下宮一度越しに御作り替え有り、道具は紀州・尾張両国より御仕出し、御普

請は公方様、御奉行は御大名様方が御勤め成されるという、内宮前大橋・その脇の橋双方共に、公儀の御普請、古市町の女郎は近年殊の外繁昌の由、内宮の太夫の由太夫次郎と言う陸奥《むつ》の太夫、極月廿七八日頃には余り人多きに付き、なますを鍬にて切り和へるという、この咄し朝熊嶽を案内の者から聞く、それより左の山を下り、麓に馬待ち居る馬に乗り太夫様へ帰る、二の膳の御馳走に酒肴の御馳走になる、それより中川原迄御役人衆御見送り、ここでまた酒肴併せ御馳走に有なる、それより江戸屋十郎兵衛方泊り、

当日は大夫が用意した馬に乗り、外宮・内宮・朝熊山《あさま》（金剛證寺《こんごうしょうじ》）へ登っている。夕方は大夫邸でご馳走になり、この日中川原の旅籠で一泊。

梅の木（『伊勢参宮名所図会』）
是斎（和中散）の店。寛永の頃より売り始めるという

二十日は雲津で一泊。翌日は「高田御門跡」（専修寺）から鈴鹿山を越えて「土山」（鈴鹿峠より土山宿までは、八キロの緩い下り坂、本陣は二軒、旅籠は四十四軒あった）で一泊。二十二日は「石部町」（滋賀県石部町）で名物の「和中散」という家庭用の漢方薬を買い泊る。京から江戸へ向かう旅人が、大抵最初に泊まった宿場。本陣二軒、旅籠は三十二軒あった。翌日は草津

炭竈里。炭を運ぶ大原女（『都名所図会』，国際日本文化研究センター蔵）

町のうばが餅の名物を食べ、「三井寺」へ参り、「東坂本」（大津市北部、比叡山の東麓で、延暦寺の門前町）で泊る。

二十四日は比叡山から「大原村」（京都市左京区）へ出て、「この所で美女に出合い、道連れして色々話などして、少しの坂登り峠にて暫らく休みたばこをのんで楽しむ」とある。恐らく、大原女の一行に出合ったのであろう。洛北の山間部、特に八瀬大原・鞍馬の里は、薪炭の生産地としても知られており、毎日婦人の頭にのせて遠く京まで運ばれた。「大原女《おおはらめ》」はその代表的な婦人で、洛中の風物詩でもあった。それより「鞍馬」・「上賀茂」・「下鴨神社」へと参り、「茶屋数々有り、美女餘多留めるので、ここで暫く休み」ともある。また「三条大橋の豊後屋友七方に行き泊る。道のり九里」とある。三条大橋は、京の加茂川に架かる橋。東海道の東からの終点だが、西から下る場合の起点でもある。京都の表玄関。その日の道程・歩いた距離がたまに記してあるが、旅籠賃や茶屋代・名物の代金や伊勢神宮の大夫への御礼・お供え（初穂料）なども、記されていない（無論、女郎代も）。

翌二十五日は、「蓮如上人三百回忌御法事参詣」とある。真宗の本山本願寺では、浄土真宗門興祖蓮如上人の三百回忌の法要が行われており、全国から門徒が押しかけ、「帳付け」する者が十万人ともいう盛会のようである。この参詣は、当初からの目的の一つとみえ、「御相伴に付く」とある。「尤も帳付け十万人とも云う事にて、二の膳の御馳走御食は紙に受ける、御酒・御菓子下され礼銀三匁二分づつ」とある。

二十六日から京の名所を諸々見物し、二十九日には御所内の見物について、「白川様御願

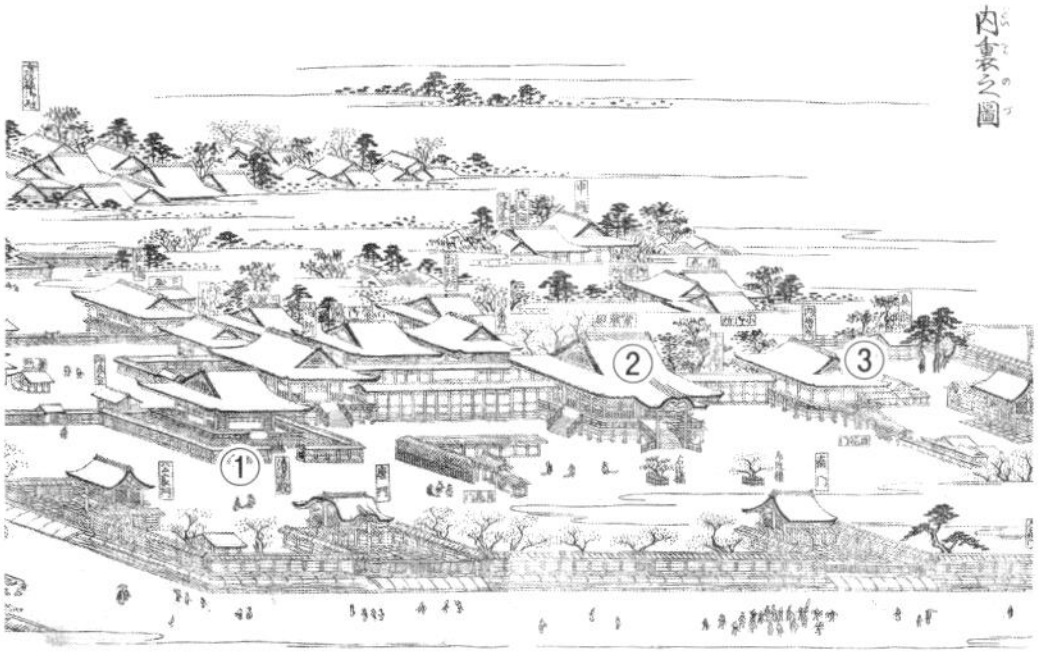


内裏之図（『都名所図会』，国際日本文化研究センター蔵）。番号は筆者。①清涼殿，②紫宸殿，③内侍所

申上げ、御役人衆御案内・麻上下着し上る」とある、紫宸《ししん》殿・清涼《せいりょう》殿・内侍《ないし》所、その他御所内の主な建物を見物している。麻上下を借用して、白川伯《はく》家（平安末期の顕広王以降、神祇伯を世襲した一族。江戸時代の家格は半家《はんけ》。家禄は二百石）にお願いして家来の案内にて、参内したのである。「白砂取る」とあり、敷地の白砂を一部取り持ち帰えることにし、白川家の玄関では御流《おながれ》を頂戴し、記念としてその土器《かわらけ》（素焼）をもらっている。「鬼の目打ち遊ばされ候豆、禁裏様御手づから御そなえ遊ばされた御供《ごくう》頂戴下さる、御礼拾人にて壱歩」とある。近世天皇家や公家達の家領はごく少なく、白川家のみならず多くの公家連中は、このような手段や様々な方法で地方からの見学者に便宜を

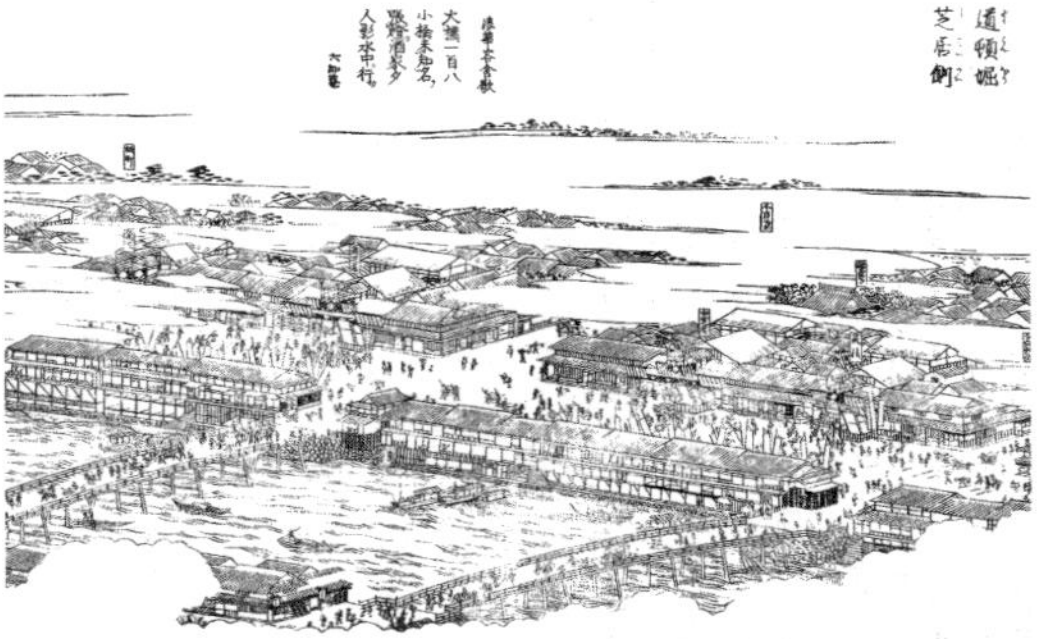

道頓堀芝居側（『摂津名所図会』）。道頓堀川に沿って「いろは茶屋」四十八軒が並んでいる。その向こうが芝居小屋。筑後座，中の芝居，角丸座，豊竹座，竹田座と歌舞伎浄瑠璃六座が競い合っていた

図り、収入・家計の足しにしていたものと思われる。

京巡りは三十日まで続き（個々の神社・仏閣・名所は省略）、四月一日には「黄檗山《おうばくさん》」（万福寺）と「八幡八幡宮《やはたはちまん》」（石清水八幡宮）へ参り、「橋本」より夜舟で淀川を下り大阪「中ノ島」で泊る。

二・三日は大阪の名所巡りで、四日は「高麗橋」の「三井屋」へ買い物に行き、道頓堀で芝居見物。五・六日も芝居を見物し、七日には「竹田からくり」を見物。九日に船の予約をし、十日に乗船。しかし十五日になっても出航せず、ようやく十六日になり「安治川」を、明け六ッ（午前六時）に乗り出す。

十八日に「丸亀城下」（香川県丸亀市、丸亀藩京極氏五万一千石の城下、金比羅参詣船の発着場として栄えた）へ着き、十九日金刀比羅宮へ参詣。そして二十二日に「府内」（大分県大分市）の沖へ着く。二十四日「小無田」（豊後大野市）に泊り、翌日は「堤町」（竹田市直入町神堤）から「竹田城下」・「次倉村《つぎくら》」（竹田市の大字）・「長野村」を通り「津留町」（熊本県阿蘇郡高森町津留）で日が暮れ、夜になって宿元へようやく帰着した。総日数は、八十二日だった。

## 三　幕末、田原村庄屋の伊勢参宮

（表紙ウワ書）「安政四丁己歳二月吉祥日認め置く、伊勢参宮道中記」
筆者は、田原村の庄屋で村回り役の佐藤半左エ門信寿。

安政四年（一八五七）三月八日の最初の記事には、「宿元出立候処、板伏并ニ中村の上・上馬場辺り迄、見送り人凡そ百人余り有り」とある。親類・知人・餞別をくれた人など、それぞれ思い思いの所まで参宮者を見送っている。五ヶ所（高千穂町の大字）の庄屋、矢津田新之丞宅で泊る。

翌日は「竹田田町」（大分県竹田市）で泊り。十日は「今市」（大分市野津原）で泊る。翌日は「荻原町」（大分市）で一泊し、十一・十二日も逗留。十三日は佐賀関（大分市）で泊る。「四国八幡浜」（愛媛県八幡浜市）への船賃、一人三五〇文ずつで決着。筆者信寿はこの方面に知人が多くあるとみえて、荻原町でもあちらこちらに招かれ馳走になり、佐賀関でも沢山な「あわび」の差し入れがあった。

十四日は、明け六ッ（午前六時）に出立し寿宝丸に乗船したが、途中大雨になり夜になって八幡浜へ着く。翌日は、「内のこ」（愛媛県喜多郡内子《うちこ》町）で泊る（道法六里）。二十日には「金平え九ッ過着」とあり、「御山」（金刀比羅宮）へ参詣、そして翌日は、丸亀より大

上：五ヶ所村庄屋矢津田家屋敷跡
下：正念寺本堂

阪までの船に乗ることにした。「船賃銀十匁づつ、舟賄・ふとん一枚損料銀壱匁五分づつ、御番所切手十二文づつ」とある。大阪・丸亀間は、約五十里（二〇〇キロ）で五日かかったり、風によっては三日三晩で行くこともあった。なお享和二年（一八〇二）菱屋《ひしや》平七が記した「筑紫《つくし》紀行」によると、大阪から丸亀までの料金は一人分食事つきで、二十五匁《もんめ》であった。大阪へは、二十五日七ッ半頃（午後五時）に大阪湊橋へ着いた。

二十六日は雨につき所どころ見物し、「三ッ井屋」にて上下地取調へ、来月十日までに仕上げるように依頼した。また「正念寺」（高千穂町上野にある浄土真宗本願寺派の寺）より依頼の「一番龍《りゅう》吐《ど》水《すい》」を金五両にて頼み、手付け金壱歩を渡した。夕六ッ時（午後六時）より川舟に乗り淀川を京へと上った。夜明けには、石清水八幡宮へ参詣。八ッ頃（午後二時）京へ着いた。なお余談ではあるが、この龍吐水は火災を消すというよりは消火活動にあたる火消《ひけし》に水をかけて、その身を守るためのものであった。江戸時代の消火活動は、風下の家屋を壊して燃え広がらないようにする破壊消防が中心であった。

二十八日は案内を頼み、「御禁裏御所へ参り、御守り九重御守り三秋の御詫び并に鬼の目御打ち成され候豆、金二朱と三十六文あげ頂戴いたし候処、御かわらけ御流れ頂戴」とある。

二十九日には、案内を雇い清水寺・大仏・三十三間堂など所々へ参詣。四月朔日は同行者「采女《うねめ》」の用件が済まないので、京に逗留。昼に三条大橋を出て、瀬田（大津市）に泊る。瀬田川に架かるのが「瀬田の唐橋」。ここを渡ってしばらく街道を進むと、膳所城の城下町に入る。ここ大津は、北国・東国から京への水陸交通の要路。道法五里、飯料弐百文づつとある。旅籠賃である。

二日はいよいよ伊勢参宮に向けて東海道を進み、「土山」（滋賀県甲賀市土山町）で昼。ここに泊る（道法十一里）。三日は、日記にはないが鈴鹿峠を越えて「関」（三重県亀山市関町）で昼をし、津町（津市）で泊る。四日、五日は伊勢滞在につき、全文そのまま紹介する。

四日、天気、昼過ぎより少しふる。明け六ッ時市郎兵衛宅出立、松坂昼、宮川渡る、同所にて十弐文出しかめを買ゆるす、御供料正銀弐拾四匁、同六匁、都合三拾目上

龍吐水（東京消防庁消防防災資料センター提供）

げる。御かしき大夫様え着き同所泊り、
五日、天気、かご弐丁、案内のもの、大夫様より差出しに相成り、外宮え参詣、四十末社廻り、内宮え参り八十末社廻り、あさま山え参詣、万金丹二朱方調え、かごにて大夫様え帰り候処、御盃の上三の膳御馳走に相成り、七ッ頃同所出立、小畑升屋平右衛門宅泊り、道法壱里、

四日宮川では、十二文で亀を買い川にゆるしている。宮川では、童が小銭をもらって旅人に代って川に入る「代垢離《ごり》」（禊《みそぎ》の代行）があるが、亀を放生することも行われていたのであろう。渡し口である小俣の子ども達が、参詣者に代って宮川で水垢離をして、小銭稼ぎ（一文ずつ）をしていた。

伊勢神宮の入口である宮川では、神域に入る時古来より人々は「禊《みそぎ》」をしていた。水に入ることで穢《けがれ》を流し去る。垢離を取るとは、平常の状態から神の前に出ることのできる清い状態になることである。実際に宮川に入ったり、内宮前の五十鈴川にみそぎする者もあるが、たいていは「代垢離」ですませていた。一行は外宮御師御炊大夫邸へ泊り、御供料を献上した。

五日は大夫より駕籠二丁と案内者が出た。まず外宮から「内宮」・「あさま山」へと参詣し、朝熊山では「万金丹」（漢方薬）を二朱ほど買い込んで大夫邸へ戻る、そこで大夫の盃と三の膳までの御馳走が出た。そして七ッ頃（午後四時）同所を出立し、「小畑」（小俣《おばた》、度会

郡小俣町）で泊る（道法一里）。

万金丹は伊勢名物の一つで、参拝者は必ず購入した。代金は一袋三文で、二朱（五百文の相場として）つまり一六七袋を購入したようだ。

六日は、「二本木」（津市白山町二本木）に泊る。初瀬街道を通り、七日は青山で昼をし「なばり」（名張市）で泊る。八日は奈良で一泊。ここでは案内を雇い（八十四文）、「春日大明神」他所々へ参詣。三条小鍛治宗近では、毛刀など種々購入した。「油煙墨」（奈良特産）も、調達した。これらは自宅用のみならず、買入依頼者のための買い物でもある。

九日は奈良見物を昼までし、木津川より舟に乗り宇治（京都府宇治市）で泊る。ここでも宇治茶を、「品々相調へる」とある。十日は昼に「京三条橋」の旅籠に着き、「早速所々立ち廻り、品々調へもの致す」とある。十一日には、釆女の官位が相済んだとある。従五位下の「位記」などが、朝廷より下付されたものと思われる。

十二日は、船で伏見より「大坂」へ着き、一泊。十三日は大阪で買い物、「北新地え人形芝居見物に行き、忠臣蔵見物致す」とある。翌日は帰りの船がなく、同所逗留。道頓堀で大芝居見物。十五日は、人形芝居の見物をし、楽しんでいる。

十六日は京都で注文した扇子が届かないので、催促を出した。江戸期になると、茶道や能楽などの諸芸能の普及にともない、扇子の需要がのび、京都は扇子製造の本場であった。今も高級扇子の全ては京都産で占められている。二十日には、「鶴崎」（大分県大分市）の船と約束をし乗船。船賃は二朱づつ。二十二日になって出航し、西宮まで来たら雨になったので

御影堂扇子折（『拾遺都名所図会』，国際日本文化研究センター蔵）

滞船。「西の宮戎《えびす》さま」（西宮神社。兵庫県西宮市社家町、旧県社、全国恵比須神社の総本山）へ参り、戎の金杯を購入している（海上五里）。

追い風をとらえて走り、雨天・風悪しくば滞船しながら、五月二日には小中島（大分市鶴崎）へ着船。翌日は船からの荷揚げを頼み、郷里への駄賃馬の手配をした。荷物は都合四駄分で、駄賃は一三五匁となった。また「龍吐水」は「竹田古町すみや」まで頼み、持ち賃は七拾目。ここまで正念寺の門徒連中が、後日受け取りに出向いたものと思われる。

四日には、八重吉と久太郎を馬と共に先に帰した。途中五ヶ所村の庄屋宅で、参宮土産と書状を渡すよう依頼した。また自宅（筆者の）へは、七日に帰宅との知らせを頼んだ。五日は小手川宅で種々ご馳走を受け、四ッ頃（午前十時）より出立し、「野津原」（大分市の大字）で一泊。六日は「竹田にて色々調へ」（不足のお土産も含めて）、「玉来町」（竹田市の大字）で泊った。七日は途中津留町で、地元の名士より馳走を受けている。また筆者の自宅近辺の者ども、三十人余がここまで迎えに来ており、さらに河内・上馬場へは河内・田原の者共が出迎えており、「酒迎え」をした。そして夕七ッ半（午後五時）頃に、ようや〱自宅に帰り着いた。そして近辺の者どもと、ここでも酒迎えをした。旅の日数は、五十三日間であった。

また帰宅後も、十日「神酒あげ致す」。十一日、「講中幷ニ親類共呼び候て神酒あげ致す、酒凡そ四石程呑み候事、尤も酒は清酒也」とある。七日の酒迎えは、とりあえず酒・肴もありあわせで済ませたのであろうが、十日は神酒上げとあり、無事の帰着御礼を兼ねての村人・知人との宴会で、扇子などの土産も渡されたものと思われる。そして十一日は、講中と親類の神酒上げで、自宅で盛大に行われたものと思われ、清酒を四石も飲んでいる。

土産は、京都で扇子を五百本も購入し、その他各地で種々の品々を調達してきたが、な

上：津留町（左は野尻手永会所跡）
中：下野八幡神社
下：宮水代官跡と井戸

お不足ということで岡表（竹田城下）でも調へた。なお同行者は、八幡采女《はちまんうねめ》夫婦と拙者夫婦と久太郎・八重吉、それに伴（荷物持ち）として秀吉の七人であった。

この「八幡采女」とは下野鶏足寺《しものけいそくじ》の「福泉坊采女」のことで、明治に還俗して「神原采女」と改名。鶏足寺は字八幡にかってあり、日向・肥後・豊後三カ国の盲僧琵琶法師の本山。天台宗八幡山鶏足寺。京都粟田口青蓮院の末寺で、明治の排仏毀釈で廃寺となった。八幡には、下野八幡神社があり、境内には国指定天然記念物の「ケヤキ」と「イチョウ」がそびえている。

十日も酒迎えをしているが、十五、十六日も八幡神で神酒上げをしている。なお「宮水御役所」の四カ所へは、「菓子箱一つ、扇子二本づつ、大小下げ一組づつ、都合三品づつ土産致す」とある。宮水御役所は、高千穂十八カ村を管理する延岡藩の代官所で、はじめ七折村船の尾に設置されていたが、寛政九年（一七九七）に焼失のため宮水（宮崎県西臼杵郡日之影町七折《ななおり》の内）に移転した。時に、佐藤信寿五十歳での上京であった。

# 第五章　肥前の伊勢参宮

朝熊峠（『伊勢参宮名所図会』）
参詣者のほとんどが金剛證寺にも参っており，「朝熊掛けねば片参り」とまで言われた

## 一　「伊勢参宮并大和巡り道中記」

本書は、肥前国新庄郷新庄村（佐賀県佐賀市鍋島町森田）の林氏他二名の道中記で、文政十一年（一八二八）三月十五日に出発し、五月五日に帰郷する計五十一日間の旅日記である。本資料は、『わたしの佐賀学』（白濱信之氏著）所収の「お伊勢参り、光と影」の資料を使わせていただいた。なおこの「お伊勢参り、光と影」は、新人物往来社主催の第二十回郷土史研究賞の優秀賞作品である。

旧新庄村周辺図

同行三人は新庄村の水天宮において、集まった村人など多くの人々に暇乞いをしてから出立した。見送りの人々は「神崎」（神埼市神埼町大字神崎、長崎街道に沿った宿駅）まで同行、「櫛田社」（旧県社）へ参詣した。そして町へ出て昼食を食べ分かれた。この日は五里行き、「中原の宿」（長崎街道の宿駅の一つ、三養基郡みやき町）に泊った。

十六日は冷水《ひやみず》峠を通り、九里行き「内野」（福岡県飯塚市内野。長崎街道筑前六宿の一つ）で泊る。翌日は八里行き、飯塚の「木屋《こや》ノ瀬」（北九州市八幡西区の大字、筑前六宿の一つ）で泊る。この間、大川渡し銭五文づつ。

十八日は黒崎（北九州市八幡西区の町名、筑前六宿の一つ）まで三里、小倉へ三里、六里を昼八ッ時頃（午后二時）「塩飽や」に着く。十九日昼八ッ時ごろ、乗合いの良い船がみつかり出船。暮には、下関へ着く。三里行き船中に泊る。ここでは、舟に「うどん・蕎麦・まんじゅう」や「売女」も売りに参る。「誠に賑ひたる処なり」とある。

そして二十四日朝には岩国に着き、「橋」（錦帯橋）を見物に行く（片道一里半）。同日夜五里の宮島に着く。二十五日は朝食後、案内を雇い「奥の院」・「白糸の瀧」・「宮島社」・「千畳敷」・「五重がらん」などを参詣。「御宮大そふなる事、誠に言語に演《の》べがたし。扨又、鹿・猿沢山なり」とある。昼八ッ過船に帰えり、昼食後は押し舟にて讃岐へ赴く。

水天宮。境内には「大神宮碑」もある

二十五日夕方には、「みたらひ」（御手洗）という津に寄る。「此の所大湊にて、遊女ども沢山居る、賑ひたる所なり」とある。その日は順風・走り船にて二十六日の夜には、「多々津」（多度津、香川県多渡津）町に着く。

九ッ（正午）頃より三里の「金ぴら社」（金刀比羅社）へ参り、

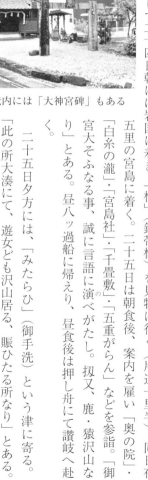

二十七日は明け方に麓の茶屋で休み、月代《さかやき》などして参詣した。「扨、御宮の結構なる事いふ計りなり、諸国大名衆より献ずる処の金燈爐・石の燈ろう数限りなく……」とある。

八ッ頃（午後二時）多渡津より三里の「由ふが山ン」（瑜伽山《ゆがさん》）に着き、夜中一里の坂道を参詣した。

二十九日の夕暮れには、「室津」（兵庫県淡路市室津）に着く。翌朝、上陸し「志よ志や寺観世音」（書写山円教寺）へ参詣し、麓で一泊（室津より六里）。四月朔日は二里行き、「姫路城下」（姫路市）に入り、煙草入れ・三徳（財布）などを買入。それより曽根の松・石の宝殿・相生《あいおい》の松・高砂の松を見物。

二日は須磨寺に参詣し「舞子の浜」で一泊（此の日里数十三里なり）。三日は疲れたので尼崎より船に乗り、大阪へ暮六ッ（午後六時）過ぎに着く。四日は朝食後に天満十一丁目「花や仁兵衛」に四ッ頃（午前十時）着く。「皆々安堵の思日なし、我が家へ帰った心持ちして」とあり、肥前の人々の定宿として、当初からの予定の宿であろう。休足の後、髪などを結い、「御屋敷に知音の人参り居り候に手紙など遣し」と、天満十一丁目下半町の佐賀藩蔵屋敷（大阪市北区西天満二丁目）へ行き、色々と取持ちを受けている。餞別に、刻み煙草をもらっている。

五日は「天満天神」（大阪天満宮。大阪市北区天神橋）へ参詣し、天満橋を渡り大阪城を見物。六日は三里先の坂井町の住吉大明神（住吉大社）へ急ぐ。「御宮の前にそり橋あり、御宮造り四社なり、別して丁寧なり、金磨朱ぬりにて合天井なり、四社供に同じ様に建てたる宮なり、石燈爐・かな燈ろふ百千と申すかぎりなし」とある。その後町へ出て、「鍛冶や細工・料理包丁・剃刀・多ばこ切・大工道具など買求め、大阪花や二兵衛届きと申し置き」とある。住吉大社の門前で、刃物類の買い物をし、定宿の花や仁兵衛宅へ届けるように依頼した。それより堺の「妙国寺」（蘇鉄寺）の蘇鉄見物に行く。「彼の蘇鉄、根は一本にして一二〇余本にひろがり、誠に珍敷蘇鉄なり」とある。

その後、「高野山」（金剛峰寺《こんごうぶじ》）へ向かう。そして七日朝に奥の院の弘法大師へ参拝。高野山では「本願院」（現在、大明王院が名跡をもつ、江戸後期までは往生院谷に所在し、肥前鍋島氏と師壇関係にあった）へ立ち寄り、「取り持ち別して丁寧なり、高野かたひら、守り、珠数その外銘々買求め」ている。昼八ッ頃にそこを出て、「五十丁一里と申す処六里行き、かむろという所に泊る」とある。「かむろ」（学文路）は和歌山県橋本市の大字で、高野山への参詣道として賑わった。

八日は、八里行き吉野に着く。「谷・山・峯・辻・桜の木計りにて、千本桜とは申せども何万難千と限りは志らず、誠に二・三月の頃ならじと思ひやらるる、扨、か弥（銅）鳥居、二王門大そうなる事いう計りなし。御本社座王権現のよし、惣じて御宮の内結構なること言語にのべがたし」とある。桜の木が数限りなく、花の時期であったならばと残念がっている。蔵王堂は、東大寺大仏殿に次ぐ大きさである。

九日には早天に出発し、「とふの峯鎌足の御宮」（談山神社）へ趣く。ここで昼食をし、一里行き岡寺（西国三十三所観音の第七番札所）に着く。「此の日は六り行き早泊りなれども、

宮川。桜の渡し

峠をこへ峯を越へ草臥《くたびれ》、此の町に泊る、九日の夜なり」とある。

十日は岡寺より七里の奈良へ趣く。「此の道筋茶や、はたごや多く、女共けしよう、けはひをして、お泊りなんせ寄りなんせと引つり引はり草臥足《くたびれあし》、これを面白ひと思へば面白ひ、世話しと思へばせわし、ざふたんなど申し道慰みに丈もよし」とある。

筆者の林氏らは、疲れた体であったが化粧した溜女《とめおんな》の引き寄せる手を振り払いなどし、冗談をいいながら先へと進む。林氏らは、これも旅の思い出の一コマとして、楽しんでいる。また道中景色のよい所では、松根や岩に腰を掛け煙草に火を付け、往来人も多く見ること聞くこと面白く、気ばらしをしている。一里半手前より奈良郷を遠望し「寺々のがらん、堂幾つともな見へ一躰景色替り一刻もと心急ぎ行く」とある。あこがれの古都奈良の街は目と鼻の先、気がせいて足早となる。

「春日社」（春日大社）に参り、猿沢の池では「池に鯉沢山此の池に寄り、手を打てば雲霞のこけとく鯉水きわに寄りくるなり」と、手を打てば鯉が沢山水きわに寄ってきて、鹿も同然菓子などやれば腰・肩に上り、そこら中から寄ってくるという。現在と同じである。

十一日は名張越えして九里、名張に泊まる。十二日は八里行き、「二本木」（三重県一志郡白山町二本木）へ泊る。翌日は九里で宮川に着くというので、月代《さかやき》などして参宮日と定む。

宮川《みやがわ》には昼八ッ（午後二時）に着く。船渡りだが、渡り銭はいらぬ。二十丁（約二一八メートル）行き、山田《ようだ》の肥前大夫邸に暮前に着く。「直に風呂へ入り休足いたし居る処に、参銭百二十四文上る様にと申し前取りいたす、夫より上ヶ金一人まへに一部づつ、此の上ヶ金に見合う料理、何角の事あるよしなり、暫くして酒・肴・膳廻り叮嚀にして、給仕の者持ち出る、向ふつめには丸飽、中位の焼鯛其の外種々の取持ちある。鯛・飽躰のものは弁当重・古き風ろ敷などへ包み、持ち帰るなり」とある。

　十四日は、「朝上宮」へ参り、馬が出るので乗っていけという。我々は年寄りでと断ったら、「刻たばこ百目包一ッづゝ」が配られた。「先ず出懸に内宮に参詣し」と日記にあるが、外宮の誤り。そこでは、「扨・烏ぼし（烏帽子）かぶり数十人並び居り儀々たる粧ひ、誠に天照す御神の御神前なりと、有難からぬものはなくて拝し奉る。次に天の岩戸。此の岩の内にて御酒頂く、十二銭上るなり、岩の内向ふへ通り抜け、其の次に末社末社百所もあり」とある。

高倉山古墳。禁足地につき見学不可
（伊勢市教育委員会提供）

　外宮の玉串御門の前に居並ぶ烏帽子姿の大夫（手代か）、そこでうやうやしく土下座にて参拝した。そして現在は禁足地になっている「天の岩戸」（高倉山古墳、市指定史跡、円墳、径三十メートル、標高一一六メートルの高倉山の山頂に築造、六世紀末）の内部へ案内され、銭を出して酒を頂戴し、その後末社巡りをしている。百所もありというが、通常の日記では四十の末社という。それほど多くの末社巡りをした（実感）ということであろう。ご正宮の周囲に末社はあり、恐らく天の岩戸より先に済ませたものと思われる。

その後、「外と宮へ五十丁一里」とあるが、内宮の誤り（日記筆者の勘違い）。「此の間揚や町・定芝居、将又、□に仕出し、三味線小弓にてはやし立、銭を貰ふ事をする、道ばたに立ち、嶋さん・こん（紺）さんをいふて銭を乞ふ、参詣の人はよけもきらず、馬やら加籠やら上宮下宮行き違う有様は、中々言葉にのべがたし」とある。

高倉山の天の岩戸（高倉山［部分］『伊勢参宮名所図会』）

外宮から内宮への古市の道中、「間《あい》の山」の様子をこう表現している。道端に小屋掛けして居並ぶ「お杉・お玉」が、嶋さん・紺さんと呼ぶかけ声。参宮人（旅人）は、汚が目立たぬようによく嶋や紺柄の着物をつけていたので、そう呼んで足を止めさせるのである。

十五日は早天に出て、九ッ過（正午）に大夫邸へ帰る。その時、大夫の手代が正装して、「肥前大夫御目に懸り御挨拶仕之筈の処、神前勤め仕り取紛れ、失礼ながら其の儀なき段申延べ候様、某へ曰し付け候など申し」とあり、神前勤めで多忙につき大夫自身の挨拶はなかった。直に酒と膳が出され、膳は五組であった。内容は飽・伊勢海老・牛蒡・山いも・川茸・ならつけなどである。

食事が終わってから、大夫宅の役人・給仕人・風呂係・案内人などに礼として包銭をし、お祓いを受け大夫宅を八ッ（午後二時）過に出る。この日は二里歩き泊る。

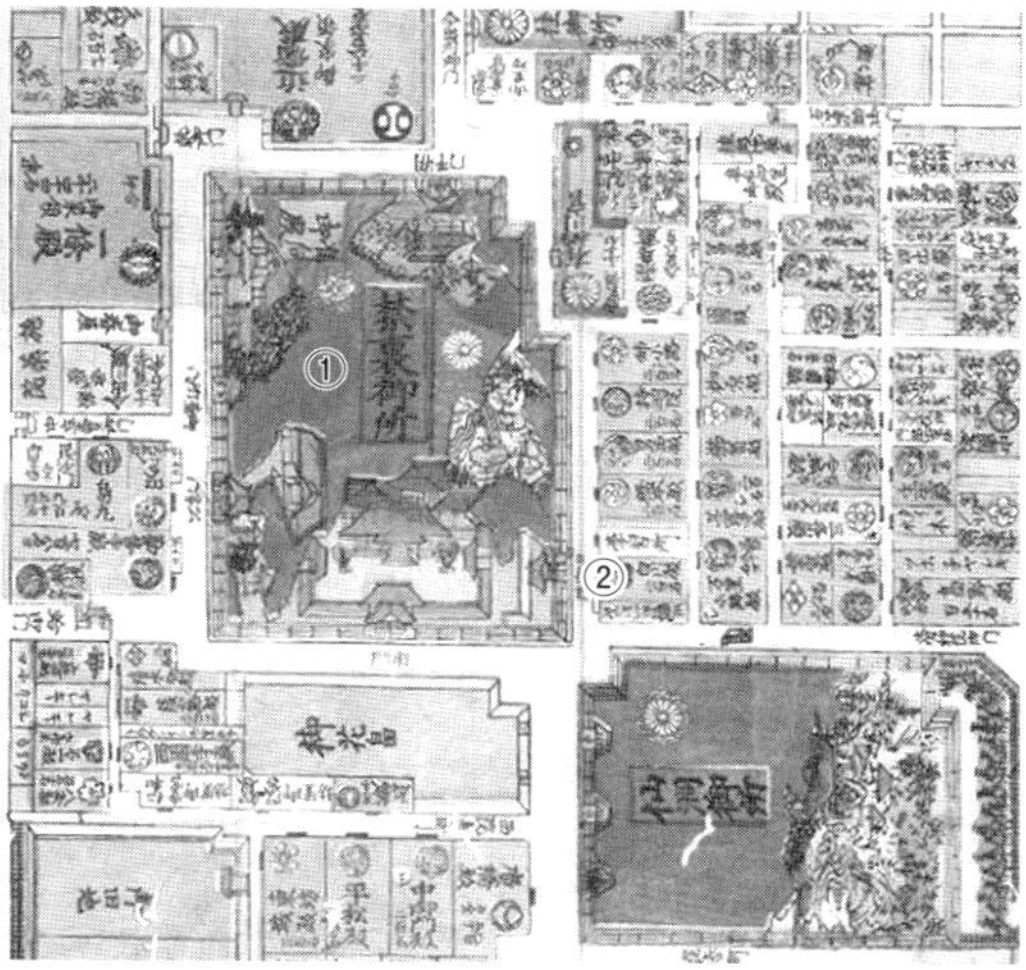

内裏図［部分］（日本文化研究センター蔵）。①，②は筆者追加。①御所，②白川家

十六日は、「津」より「関」へ出て泊る。十七日は「関」より十里、「石部」で泊る。十八日は、「大津三井《みい》寺」に参詣。夕方京都へ着く。三条通りの、扇や藤五郎宅へ泊る。

十九日は案内者を雇い、御所の内（内侍所・紫宸殿など）を拝見。案内のものが、御所に隣接する白川院様御門内へ皆を伴い入れた。そして、「此所にひかへ居り候様、供屋の様成る所につれ行く、暫くして迎ひに参る。土間に古筵を敷たる所に皆々三十人も居る、時に上下着たる男出で、何も遠々の処大義と挨拶して、三方に錫びん・小

清水寺。舞台造りの本堂

土器をのせ給仕持ち出る。彼の男、是は禁裏様へ御酒頂戴させらるると申し、何れも銘々土器を取る、杓取り次で廻るなり、次に正月七日の鬼豆。是は雷の難をよくるなり、少しづつ配る。惣じて土器は呑み取り、此土器おこりには妙なり、少しこさひて戴くなり、上銭一人まへに三十六文づつなり」とある。案内者と白川家とは提携して、田舎から出てきた客を邸内へ案内することになっていた。

白川院、つまり白川伯家（伯王家ともいう。神祇伯を世襲し、家禄は二百石）の邸内では、三十人ばかりが土間の古筵の上に居た。そこへ上下を着た家人が出てきて、三方に酒を入れた錫びん・土器を持っている。これは禁裏様（天皇）よりの酒と称し、ついで回る。そして正月七日の鬼豆を、雷の難をよくるといい、少しづつ配る。土器は呑んだら返却しなくて、持ち帰るのである。この土器は、「おこり」には妙薬とかで、少しずつこすって戴くという。これらのお礼は、一人前三十六文ずつという。

白川家での儀式が済むと、東山・祇園・清水（寺）・知恩院・三十三間堂・大仏殿焼失跡を参詣する。今日一番の「目八景」は、「清水より京都町中一目に見おろし、目の覚める様にあるなり」という。清水寺の舞台からのながめは、さぞ絶景であったことと思われる。

翌日は昼九ッ頃（正午）、「伏見」（東海道の宿駅、京都と大阪を結ぶ中継商業都市）に着

淀（『都名所図会』，国際日本文化研究センター蔵）。上りの三十石船に「くらわんか船」が近寄り，茶・酒などを売りつける。淀の水車も見える。

く。「船を借るに、たとへば三人ならば四人まへかるなり、一人まへは銘々の荷を置く所なり、九ッ半頃より船出候て、船中に餅まんじゅう酒肴くらわぬかくらわぬかと小船より持ち参り、或はうどん蕎麦切くらわぬか、吸物はくらわぬかと売りに参るなり、惣じて夜に入りては遊女もうりに来るよしなり、白川夜船とは申せども、昼船少なうて諸方見物いたし、あれは淀の水車、あれは淀の城、是れは八幡の社なりと見遣り、土井辻より引船もあり、船の中には面白き咄しするものもありて、夢のごとくにて退屈する間もなく大坂まで十里の所、昼九ッ過より暮方には大坂へ着く、船賃一人まへに七十文づつなり」とある。主に乗客を乗せ、大阪・伏見間を上下する船が「三十石舟」で、伏見のほかに淀・鳥羽からも出た。大阪への舟賃は、ここにもあるように乗合で一人七十文前後。逆に大阪から伏見への川昇りの舟賃は、一七〇文前後であった。枚方《ひらかた》あたりから「くらわんか船」が出て、酒肴を乗客に売りはじめる。

伏見より大阪までの川船の様子、船賃・くらわんか船の様子などを記している。大阪の宿では、奈良・京都・板井にて買物をし「大坂花や仁兵衛届け」と頼んだ品々が、滞りなく来ているかなどを確認してその夜はじきに寝た。

翌日は早天より、「天王寺」（四天王寺）へ参詣に出る。途中の「三ッ井屋」では、呉服物の土産を買い求めている。代金を支払い店を出ようとすると、番頭が来て奥へどうぞというので二階へ上がったら、酒・肴三種と茶懸けが出され、ご馳走になったという（余程、ここで買い物をしたとみえる……）。

ほろ酔い気分で二里程行き、天王寺へ着いた。「石の舞台・次に此の所の突鐘と申す所、太い事世に並びなき太突鐘なり」とある。

次の日は、宿屋より一里半の「どうとん堀」へ行く。そこで、「切り芝居に入り二た切り見物いたし」と、切り芝居を見ている。その後「四ッ橋筋」に、「きせる」など土産用を買い宿へ帰える。この日は余り遠出をしなく草臥もなく、大方名所見物・参詣も済ませたので、道中色々と考えてみるといい、日記筆者は次のような感想を述べている。


大和地などは一躰は、山国にして海遠と見ゆるなり。生肴などは終に見当たらず、泊り泊りにても念入れてと申した時が、干魚いわしならではなし。間にはとふ豆えんどふをさやながら煮染め、ひしこなど四ッ五ッ上にのせ平に次で出すなり。其の替りには、賄銭は百三十計りにては泊るなり。平生銘々は、ろくなものはくわんと見ゆるなり。

海道筋不浄のことの一向なし。馬のふん、ちりぼ入るものは拾ひ取るもの有り、馬の尻より出るを待ちかねてすくうて取るなり。一躰養《やしない》ものを大切にするなり。大和地に限らず田畠に蒔付け作り付けたるもの寸地も残さず。惣じて草一本はへて居ず、作り物に余程心懸るとみゆる。
一躰餘国は、食ひものは粗末にあれども、着るものはよくすると見ゆる。

という。また

惣じては、先ず町人原なり。おかしい事は物言事に度々さかひを付るなり。どうしたさかひで、かふしたさかひでといふなり、扨また、京都宿やにて、膳上りに茶出しを持ち参へれといふに、一向口へず、何と言わしゃるかといふて通ふぜず、段々聞いて見たる所、上筋にては土びんと申す由なり。

ともある。

このような笑い話をしているところへ、船頭どもが能き乗り合いがあるのでと申して来た。船賃は飯代も入れて（恐らく蒲団代も）、一人金一分づつと約束して帰る。乗船したのは四月二十二日の夜で、新造の大船であっ

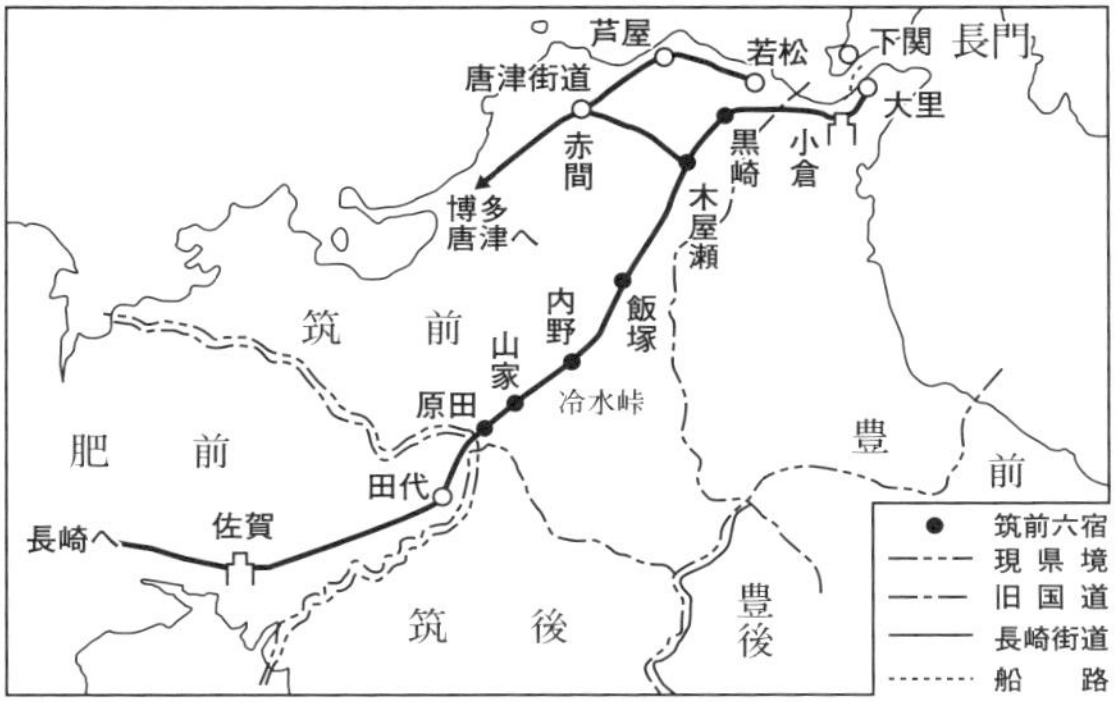


長崎街道要図

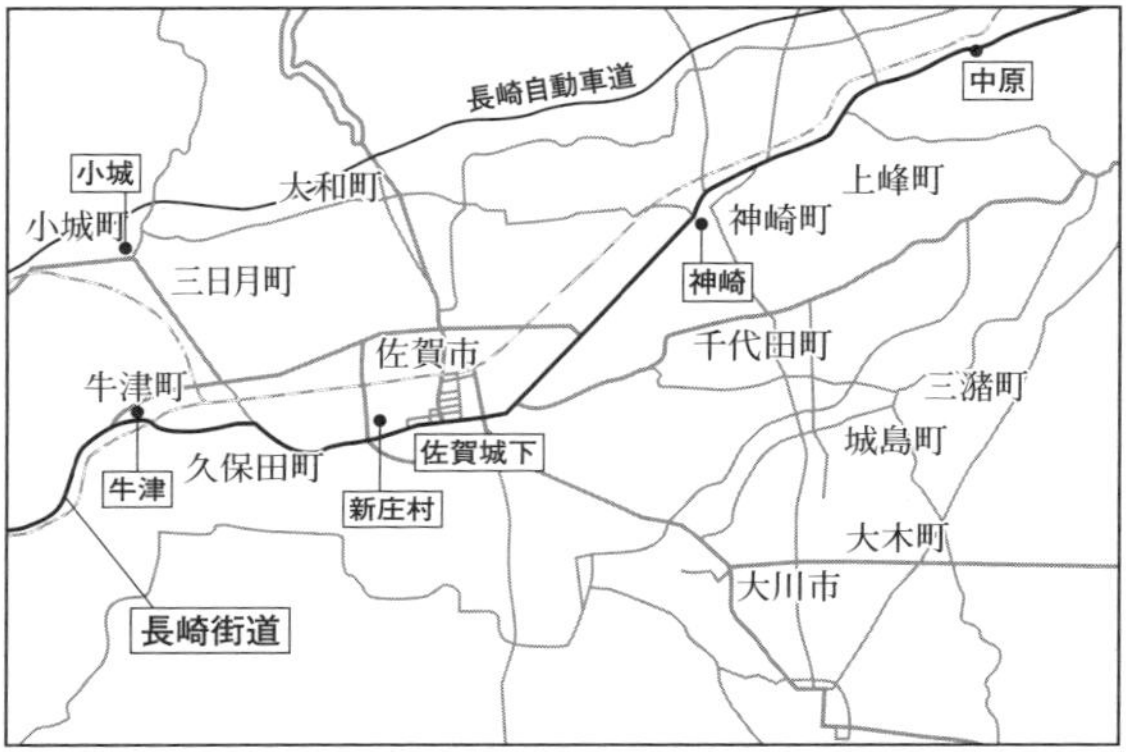

佐賀市周辺

た。そして乗り合いの者共と話してみると、幸にして「佐賀の町」、「上佐賀」、「小城町」（鍋島家二代勝茂の長男元茂が小城藩七万三二五〇石を創立。小城市小城町に陣屋を形成）、「牛津」（小城藩領の平吉郷、長崎街道沿いに東西に延びる宿場町）の者ばかりで、男女三十人。

二十三日の明け方より船を出し、船中では「乗合い何も心地よく、皆口から出次第に思ひ思ひにうた調ふもあり、浄瑠璃かたる。面白き咄しするも有りて、誠に極楽は此船の内に有りと覚へ」という状態。またある日は、「沖にかかりゆられ流れ風はげしく大波打懸け、昼夜寝る事も叶ず折節、肝つぶす事も有りて片づを呑むとは此の時なり。或時、船頭数日の事にしてめしを惜しみ、大嵐の吹く最中に船を出す……乗り合いの者何も色を失ひ、船は取って投るがごとく、生て居る心地有るものは一人もなかりける」ということもあった。

かくして小倉へ、五月朔日夜にようやく着いた。宿屋で酒・肴を用意させ、「よみ返りたる心地して、笑ひの聲を催しける」という。船中の者は近郷の者同志で心地よいのであるが、

## 伊勢参宮幷大和巡り道中記概要

文政11年（1828）３月15日出発、５月５日帰郷、51日間、
林氏外２名（一部追加・訂正）

### 往路

| 日程 | 里程 | 経由地 | 宿泊地 | 見物地　買物　その他 |
|---|---|---|---|---|
| | 0 | | 出発 | 櫛田社参詣 |
| ３月15日 | ５里 | 神崎 | 中原 | |
| 16日 | ９里 | 冷水峠越 | 内野 | |
| 17日 | ８里 | 井(飯)塚 | 木屋瀬 | 遠賀川渡銭５文 |
| 18日 | ６里 | 黒崎 | 小倉 | 塩飽屋(しあくや)　佐賀藩定宿　船待小倉城町筋見物 |
| 19日 | | （寄港地） | | |
| 20日 | 船 | 下関 | 船中泊 | |
| 21日 | | 田ノ浦 | 船中泊 | |
| 22日 | | | 船中泊 | |
| 23日 | | | 船中泊 | |
| 24日 | | 岩国 | 船中泊 | 錦帯橋　岩国城見物 |
| 25日 | | 宮島 | 船中泊 | 奥の院　水上寺　瀧の白糸　宮島社　音戸瀬戸 |
| 26日 | | 多度津 | 船中泊 | 金比羅神社参詣 |
| 27日 | 便 | | 船中泊 | 由ふが山参詣 |
| 28日 | | | 船中泊 | |
| 29日 | | 室津 | 船中泊 | |
| 30日 | ６里 | （上陸） | 円教寺麓 | 明神　書写山円教寺縁起物罫帳百文 |
| ４月１日 | | 姫路 | 高砂 | 姫路町見物　たばこ入れ　三徳（財布） |
| ２日 | 13里 | | 舞子の濵 | 曾根の松　曾根天満社　生石神社　相生の松 |
| ３日 | | 尼崎船便 | 大坂 | |
| ４日 | 18日 | | | 花や仁平衛　鍋島屋敷　妙国寺大工道具包丁剃刀等 |
| ５日 | ７里 | | 板井津 | 高野山へ　天満神社　大阪城 |
| ６日 | 10里 | | 神谷宿 | 住吉大明神参詣 |

| | | | | |
|---|---|---|---|---|
| 7日 | 6里 | | かむろ | 高野山金剛峯寺　山内各寺院<br>高野かたびら　数珠 |
| 8日 | 8里 | | 吉野 | 蔵王権現・千本桜 |
| 9日 | 6里 | | 桜井 | 多武の峯　岡寺 |
| 10日 | 7里 | | 奈良 | 春日大社　東大寺 |
| 11日 | 9里 | 名張越 | 名張 | |
| 12日 | 8里 | | 二本木 | |
| 13日 | 9里 | | 宮川 | 橋村肥前太夫宿 |
| 14日 | | | 山田 | 上宮　下宮　天の岩戸 |
| 15日 | | | | しほ　たばこ入<br>午後帰路につく |

**復路**

| 日程 | 里程 | 経由地 | 宿泊地 | 見物地　買物　その他 |
|---|---|---|---|---|
| 4月16日 | 2里 | 津 | 関 | 地蔵菩薩 |
| 17日 | 10里 | | 石部 | |
| 18日 | | | 京都 | 大津三井寺 |
| 19日 | | | 京都 | 御所　東山　ぎおん　清水<br>知恩院　大仏殿　三十三間堂 |
| 20日 | 3里 | 伏見(船) | 大坂 | |
| 21日 | | | 大坂 | 天王寺　どうとん堀　芦屋<br>呉服物　きせる |
| 22日 | 船 | | 大坂 | 町筋芝居見物　夜乗船 |
| 23日 | | | 船中泊 | |
| 24日 | | | 船中泊 | |
| 25日 | | 大 | 船中泊 | |
| 26日 | | 風 | 船中泊 | |
| 27日 | | あ | 船中泊 | |
| 28日 | | り | 船中泊 | |
| 29日 | 便 | | 船中泊 | |
| 5月1日 | | | 小倉 | 小倉帯　袴地 |
| 2日 | | | 木屋ノ瀬 | |
| 3日 | | | 内野 | |
| 4日 | | | 神埼 | |
| | | | 佐嘉 | 5月5日帰着 |

なれない船旅では大嵐などで肝をつぶし、上陸してようやく生きた心地（平常心）になったようだ。

二日四ッ過（午前十時）小倉を出、六里先の木屋の瀬で泊る。三日は内野へ泊り、四日は神崎へ泊り、五日の節句に、「千秋万歳」自宅にめでたく帰着した。

## 二　陶器の里、伊万里よりの伊勢参宮

ここでは、伊万里地方史研究史料第二輯『伊勢参宮并西国卅三所順禮道中記』（前山博氏著）により、陶器商人の伊勢参宮并びに西国三十三所巡礼道中日記を紹介する。なお本資料の存在は、長崎県大村市の富松神社宮司・文学博士久田松和則氏のご教示に依るものである。

前書前山氏の解説によると、

これは、伊万里の町人が、今からほぼ二百年まえ、伊勢参宮と西国三十三ヵ所観世音霊場への巡礼とをなし終えた旅行の日録である。

出立が寛政元年（一七八九）の五月十七日、帰着が同年九月二十五日で全日程百五十六日（閏六月を入れて）、およそ五ヵ月の長きに及ぶものであった。

同行はつぎの五人――吉冨十兵衛母・前川善三郎内・前川善太郎・道山市兵衛・野田権七で、二人の女性が含まれていた。　　　　（三頁）

# 寛政元年、前川善太郎ら
# 伊勢参宮幷西国三十三所順礼の行程表

- 7/3 ④ 槙尾寺 ↙
- 7/2 高野山
- 7/1 ③ 粉川寺
- 根来寺
- 和歌山
- 和歌浦
- 閏6/29 ② 紀三井寺
- 印南
- 田辺
- 大雲取・小雲取 熊野本宮
- 閏6/28 ① 那智山 閏6月22日
- 新宮
- 閏6/20 尾鷲
- 閏6/14 伊勢 閏6月15日内宮外宮参詣、朝熊山 橋村肥前太夫宅宿
- 名張
- ⑧ 長谷寺
- ⑦ 岡寺 多武峰
- 閏6/9 ⑥ 壺坂寺
- 吉野
- 峠 当麻寺

---

- 7/27 保坂
- 山中 ↙ 御番所あり
- 熊川
- 小浜 川べり町俵屋仁左ヱ門宿
- 7/26 高浜
- 7/24 ㉙ 松尾寺
- 田辺
- 宮津
- ㉘ 成相寺
- 7/23 宮津 三千軒 天の橋立
- 7/22 福知山 千五百軒
- (丹後道)
- ㉕ 清水寺
- 立杭
- 7/20 福嶋
- 三田
- 有馬
- 7/19 ㉔ 中山寺
- 池田
- ㉓ 勝尾寺
- ㉒ 惣持寺
- 7/18 あくた川(高槻)
- 向日
- 7/16 京都

---

- 9/25 伊万里 池峠一家中出迎え
- 徳末
- 瓦橋
- 鏡
- 浜崎
- 9/24 深江 筑前や一宿
- 前草
- 9/23 博多 掛町紅や善右ヱ門一宿
- 9/22 あぜ町
- 赤間
- 木星ノ瀬
- 黒崎 関屋孫七宿
- 9/21 下ノ関(伊万里供日)
- 9/19 上ノ関
- 御手洗ノ前
- 9/18 鞆ノ前
- 塩飽前
- (戸渡島社祭日)
- 9/15 兵庫
- 9月13日 田平福神丸へ乗込
- 9月12日 荷物仕舞方
- 8/18〜9/14 大坂 連日市中見物 芝居見物
- 8/12〜16 京都 連日市中寺社参詣・見物 (柳馬場伊勢屋善右ヱ門宿)

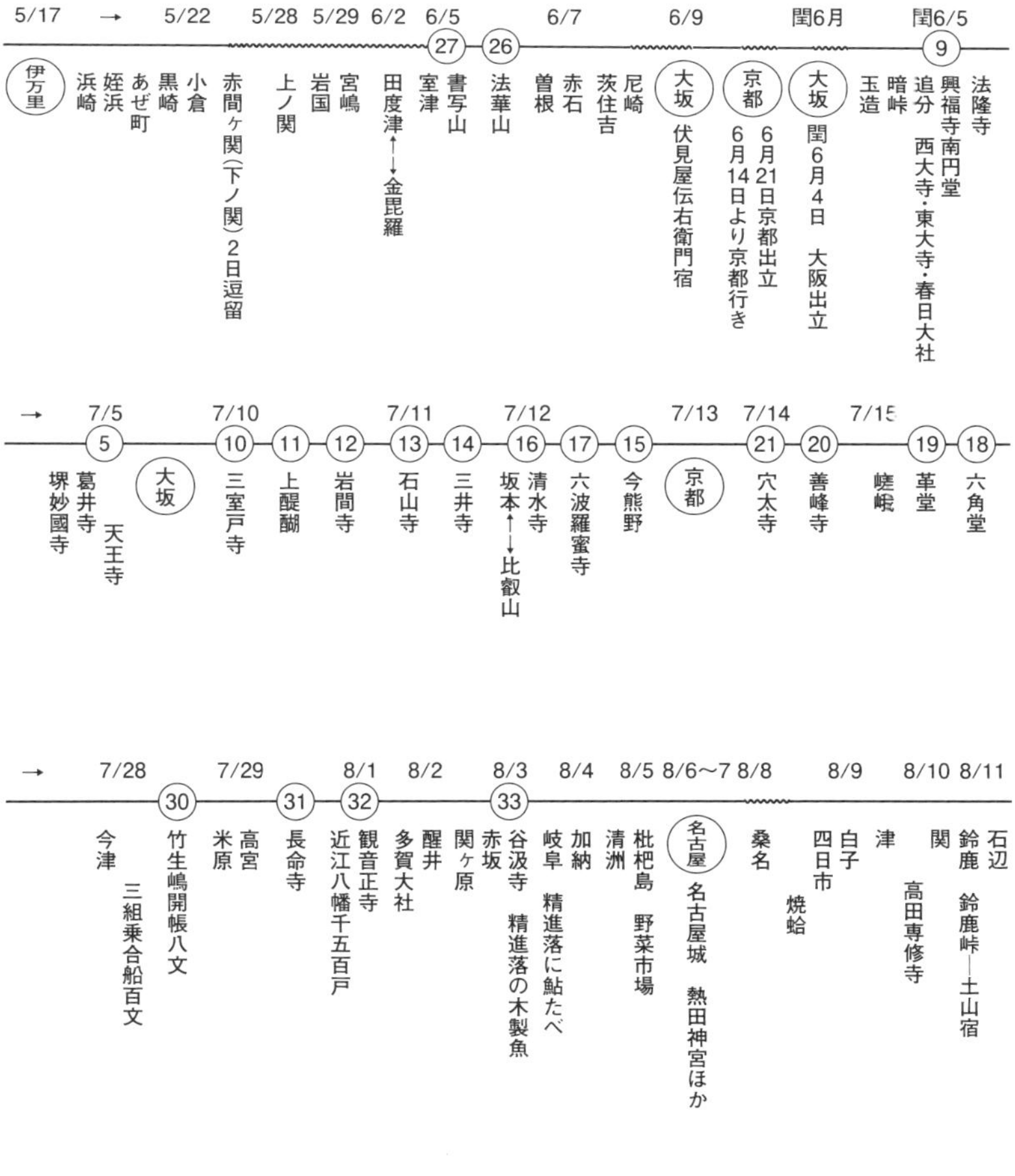
5/17 → 5/22 5/28 5/29 6/2 6/5 6/7 6/9 閏6月 閏6/5
伊万里
浜崎
姪浜
あぜ町
黒崎
小倉
赤間ヶ関(下ノ関)2日逗留
上ノ関
岩国
宮嶋
田度津↔金毘羅
室津
27
書写山
26
法華山
曽根
赤石
茨住吉
尼崎
大坂
伏見屋伝右衛門宿
京都
6月21日京都出立
6月14日より京都行き
大坂
閏6月4日 大阪出立
玉造
暗峠
追分 西大寺・東大寺・春日大社
9
興福寺南円堂
法隆寺
→ 7/5 7/10 7/11 7/12 7/13 7/14 7/15
堺妙國寺
5
葛井寺
天王寺
大坂
10
三室戸寺
11
上醍醐
12
岩間寺
13
石山寺
14
三井寺
16
坂本↔比叡山
清水寺
17
六波羅蜜寺
15
今熊野
京都
21
穴太寺
20
善峰寺
嵯峨
19
革堂
18
六角堂
→ 7/28 7/29 8/1 8/2 8/3 8/4 8/5 8/6〜7 8/8 8/9 8/10 8/11
今津
三組乗合船百文
30
竹生嶋開帳八文
米原
高宮
31
長命寺
近江八幡千五百戸
32
観音正寺
多賀大社
醒井
関ヶ原
赤坂
33
谷汲寺
精進落の木製魚
岐阜
精進落に鮎たべ
加納
清洲
枇杷島
野菜市場
名古屋
名古屋城 熱田神宮ほか
桑名
焼蛤
四日市
白子
津
関
高田専修寺
鈴鹿
鈴鹿峠—土山宿
石辺

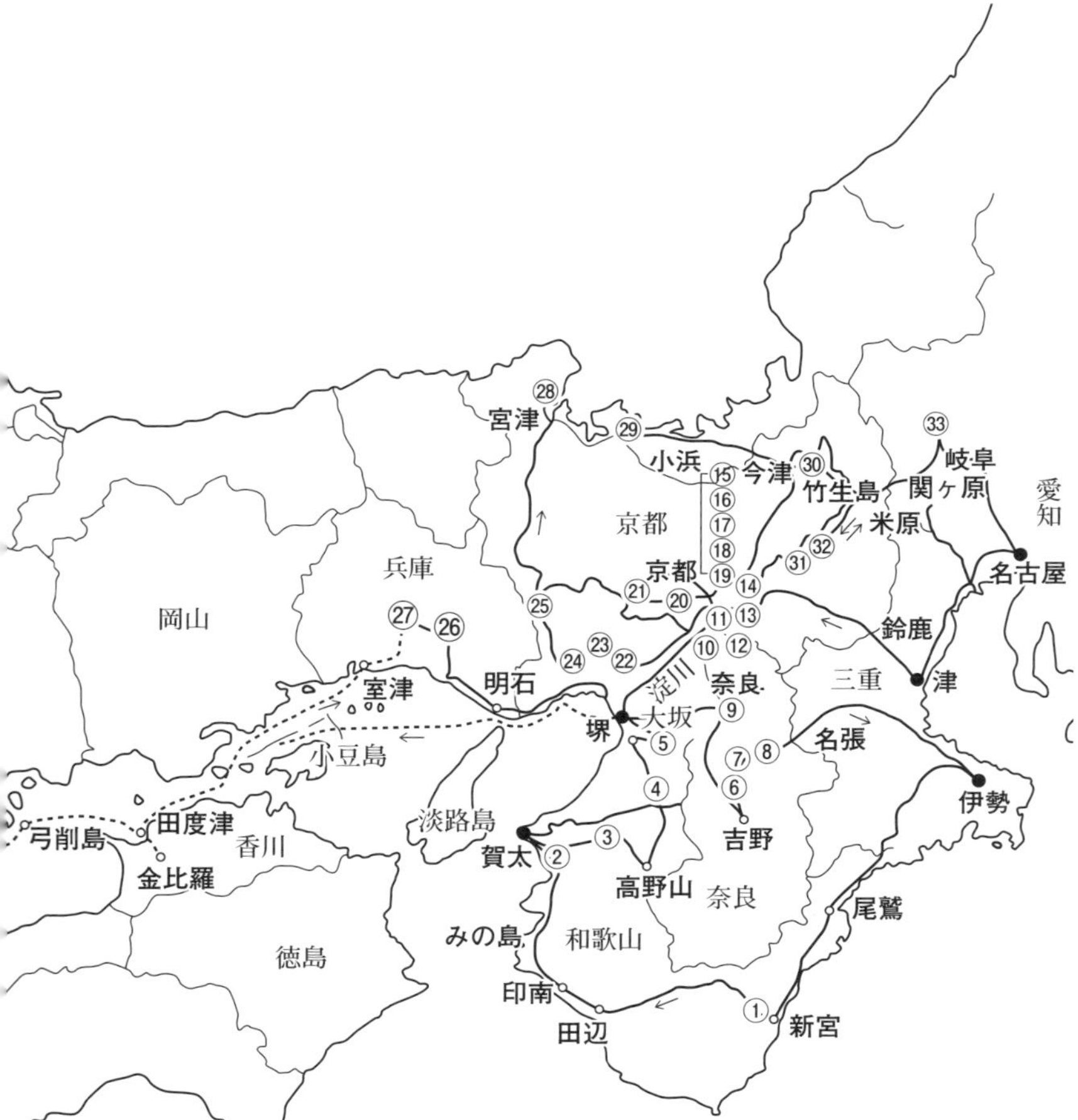
宮津
小浜
今津
竹生島
岐阜
関ヶ原
米原
愛知
名古屋
京都
兵庫
岡山
室津
明石
小豆島
淀川
大坂
堺
奈良
三重
鈴鹿
津
名張
伊勢
吉野
淡路島
賀太
高野山
弓削島
田度津
香川
金比羅
和歌山
みの島
尾鷲
徳島
印南
田辺
新宮

寛政元年、前川善太郎ら
伊勢参宮並西国三十三所順礼の略地図

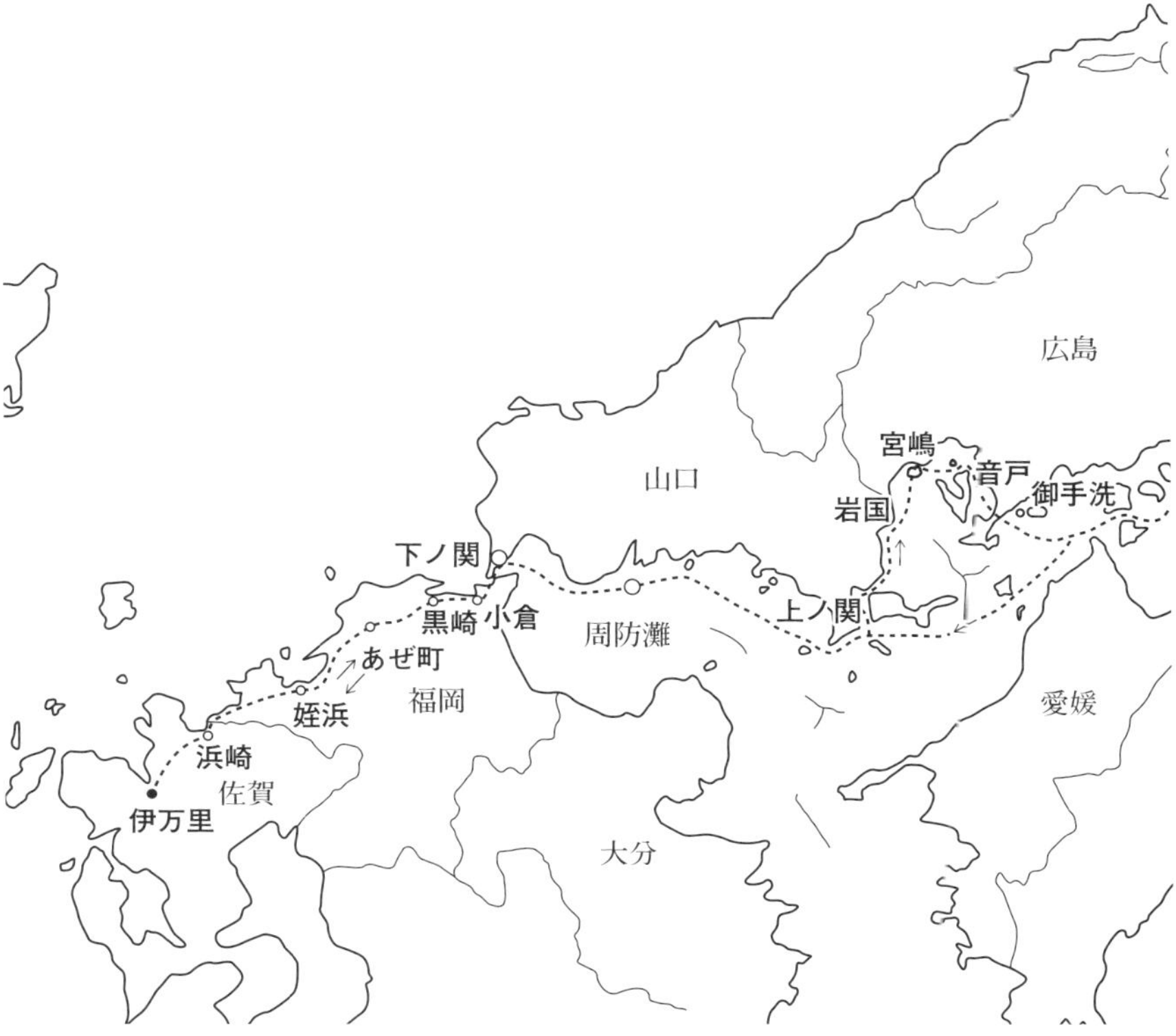

とある。

本書の筆者は前川善太郎（二十七歳）で、道山市兵衛は善太郎の従兄弟。善三郎内は、善三郎の妻、つまり日記筆者の母である。野田権七は、陶商前川氏の手代と思われるという。

伊勢への出立は寛政元酉（一七八九）五月十七日で、日記には道中各地で作った和歌が記されている。前書には、著者前山氏による詳細な行程表と略地図が付されているので、それを引用させていただくこととする。

ゆえに、日記をもとにしての日々の行程・内容は省略するが、面白く興味を引くことのみ、日を追って若干記してみたい。


六月八日には、「尼ヶ崎」より舟（五百文）で「大坂」まで行き、八ッ（午後二時）頃に着いた。夕方には、大阪の夜店見物に出ている。翌日は陶器商の問屋仲間へあいさつ回りをし、それより竹田芝居見物をしている。十日は、「市ノ川あやつり」見物。十一日は、「筑後あやつり芝居」。十二日は休息し、翌日は朝五ッ（午前八時）頃船を出し、淀川を逆登っている。「伏見町」へ昼七ッ（午後四時）頃着き、京都へは暮についた。

十四日には、「山引」（京都市八坂神社の祇園祭の山車、日本一の賑いといわれていた）見物に出ている。今日は雨が降ったので、暮ごろに「祇園会」のお下りがあった。十五日は、四条北西の芝居見物をしている。十六日・十七日は、雨にて休んでいる。十七日には、大阪の問屋衆中より見舞いとして、名物「虎やまんじゅう」の差し入れがあった。十七・

十八　十九日も大雨にて休み、十九日の日記には「大水出て東山見物も不相成、皆々殊之外大（退）屈仕申候」とある。京では、逗日の雨で外出もできず、大水が出て一行はことの外退屈している。

二十二日朝には再び大阪に着き、翌日に芝居見物。二十五日は、川船で問屋衆中よりの振舞にて「天満御祭」に参詣している。茶船をくり出し、大阪のど真ん中天満の祭への参

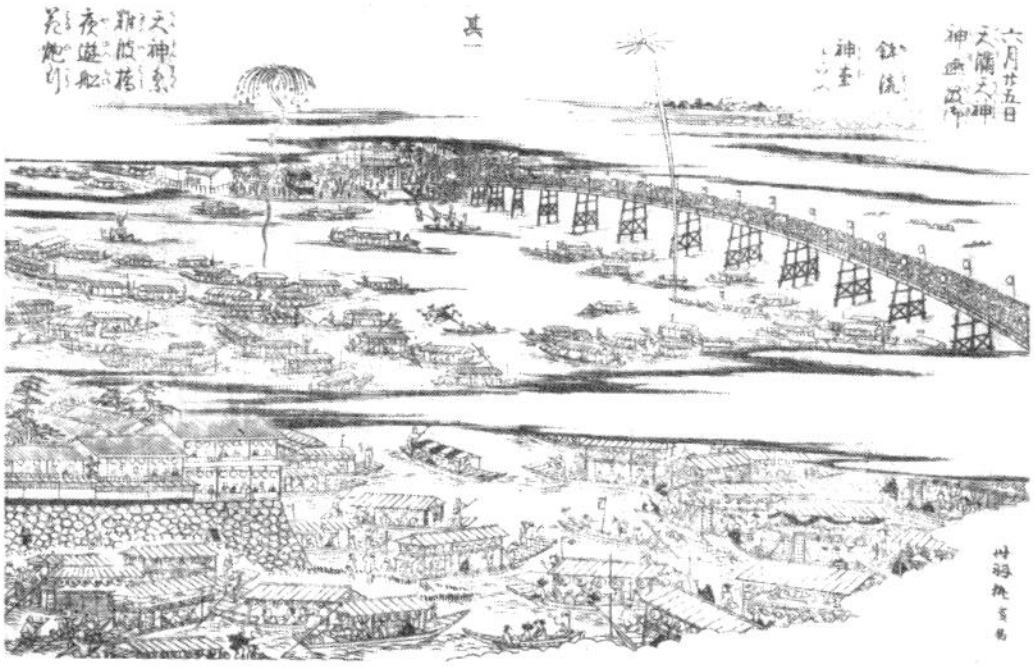

天満天神神輿渡御（『摂津名所図会』）

加は、最高の贅沢である。これも全国的に名の通った、伊万里・鍋島焼の陶器商人連中の、御接待のお陰である。

そして閏六月四日には、いよいよ大阪を出立し、伊勢に向けて旅立っている。新たに、荷物持ちとして利七を雇い、玉造より「鞍苅峠《くらがり》」（暗峠）を経て奈良へ。

五日は昼食後に案内人を雇い（六十四文）、東大寺大仏殿・四月堂・二月堂・三月堂を経て、手向山八幡宮から春日大社を経て、九番札所の南円堂へ札を納めている。その後、猿沢の池から五十丁（五四六メートル）行き、郡山城下へ。そして、法隆寺前の茶屋で一泊。

七日は、吉野山へ入っている。金鳥居内の山下町で一泊。女中衆と利七は宿に残り、他は翌日に大峯山・吉野の名所（吉水院《よしみずいん》・蔵王権現など）を、先達の案内（四五

多武峯女人遙拝殿（『西国三十三所名所図会』，早稲田大学図書館蔵）

〇文）にて回っている。大峯山上の行場は、女人禁制であったようだ。

なおこれより先、六月五日でも早朝の書写山参詣では、男のみ奥の院まで参詣している。下山して、女中衆と一緒に朝食後、東坂本の「女人堂」へ参っている。

また十日には、「男斗とふ峯へ、五拾丁の登参詣、但女人禁制、御本社鎌足大神宮、御朱印三千石、四十二坊、天台宗也、寄(奇)麗成事言語に延(述)がたし」とある。多武峯の談山神社でも、女人禁制であった。

善三郎一行は、前日に「三輪大明神」・「長谷寺」へ参詣し、萩原《はいばら》で泊まる。十一日は「名張町」で昼食し、「伊勢地村」で一泊。十二日は「青山峠」越えをし、「六軒茶屋」（三重県松坂市六軒町）で一泊。十三日―十六日が、いよいよ伊勢での滞在であり、全文紹介する。

十三日天気 六軒茶屋を立、明星《みょうじょう》へ四里行て中食仕候、夫より小畠を通り、宮川を渡り、小畠にて筑前久家弥右衛門殿に逢申候 中川原通りて昼八ッ時分橋村肥前太夫様宅へ着仕候、座敷は靏の間にて、

雛靍の契りをこめし松か枝の
　ちとせの色はむへも替らし

十四日朝五ッ比より雨降り、七ッ比より天気雨大降り仕候ゆへ相休み申候、佐嘉殿様御入被遊候御座敷拝見仕、唯今土用干に而屏風品々有り、古筆一双若元繪一〇(ママ)雅楽之助押繪一〇(ママ)行幸土佐の繪一〇(ママ)かいこ一〇(ママ)松一〇(ママ)古筆短冊色紙一双、其外色〻結構成金屏風斗拝見仕申候。

十五日天気當年に而御せん宮にて新造栄(営)也、今朝飯後より外宮様・内宮様へ皆参宮仕申候。

さき草のみむろのちぎはかわるとも
　いをます神ぞ幾世かわらし

夫より朝熊岳へ参詣、四人駕籠に而権七供につれ申候、南川原同行四人は御参不被成、内宮より直に大夫様へ御帰り被成候、我〻は暮六ッ比罷帰申候。

十六日天気今日飯後大夫様御盃頂戴、昼四ッ比より大夫様所出立、中川原銭屋久左衛門殿所迄御見送り有之候、此所にて南川原千右衛門殿・喜惣次殿・龍五郎殿・兵太夫殿四人はわかれ、銘々は熊野路へ趣(赴)申候、夫より田丸御城下へ壱里、夫よりはらへ壱里半、入口之左側に一宿仕候。

（三十八－九頁）

十三日には、ようやく中川原を通って昼八ッ（午後二時）に、山田の御師「橋村肥前大夫様宅」へ着いた。ここでも、和歌一首が記されている。翌日は朝から雨で、大夫邸で休息した。同日は、佐賀の殿様（藩主鍋島公）が宿泊なされた御座敷にて、各種の屏風などの土用干をしている際中でもあり、それらを拝見している。佐賀三十五万七千石の藩主を始め分家筋（小城《おぎ》藩七万三千石・蓮池《はすいけ》藩五万二六〇〇石・鹿島藩二万石）も、この橋村肥前大夫を御師としている。ちなみに本家（松平肥前守）は橋村御師に対し五百石の知行宛行を行っている（「内宮外宮御神領并家々御朱印」『神宮御師資料六』所収）。

十五日は第五十一回の遷宮にて、新造になる外宮・内宮へ参宮している（皇太神宮は九月一日、豊受大神宮は九月四日にご遷宮斎行）。その後、「朝熊《あさま》岳」へ参詣。同行の内四人は駕籠で、権七は徒歩であった。「有田南川原《なんがわら》」（佐賀県西松浦郡有田町、有田陶磁器の生産地である有田皿山の一角をなす）よりの同行四人は、内宮より直に大夫邸へと帰っていった。

十六日は朝大夫より御盃を頂戴し、昼四ッ（午前十時）頃よりそこを出立し、中川原まで大夫手代の見送りがあった。ここで南川原の四人とは別れ、自分達は熊野を目ざして出発した。田丸城下を通り、「はら」（度会郡玉城町の大字）で一泊。なおこの日記には、大夫への奉納金など、あるいは大夫からの馳走の料理内容などの記述が一切ない。

十七日は「瀧原《たきはら》大神宮」（三重県大宮町瀧原に鎮座、皇太神宮別宮）へ参り、翌日は「勢州・紀州国境、是より熊野路にかかる」とある。また「是より五十丁道」ともある。五十丁を一里とする道である。二十日は「八鬼山《やぎやま》峠」（尾鷲市）を始め、三つの峠を越えて「皆々難所也」とある。

二十一日には、「新宮壱弐社権現」（能野速玉《はやたま》大社、新宮市上本町）へ参詣し、新宮の町で一泊。

翌日は、「御瀧へ参詣、瀧の幅八間、高さは相知不申、此上に弐ノ瀧・三ノ瀧有之候由、夫より六丁上り明楽坊へ参、弐百文の旅籠に而一宿仕候、此坊の座敷より御瀧も近く見へ能坊也、九州中は明楽坊懸り之由、坊数三拾六坊、天台宗に而妻躰也」とある。「飛瀧神社」（那智の滝）へ参詣し、それより六丁（六五五メートル）上の「明楽坊」に草鞋を脱いだ。坊へは一人三百文を支払う。また坊に着く前に、すぐ上の「那智山観音様」（青厳渡寺）へ、西国三十三番の壱番札を納めている。

那智の滝

二十四日は、「熊野本宮拾弐社権現様」（熊野本宮大社）へ参詣。二十六日には、「田辺」へ着く。「此所に而筑前岐志善蔵殿船参居候故、叺度立寄、暫く相休み候、酒なと御取寄被成候」とある。ここでも、「筑前岐志《きし》」（福岡県糸島市の大字）からの船が寄港しているというので、立ち寄り馳走にあづかっている。この船も、恐らく伊万里の陶磁器を運ぶ船であろう。
二十七日には、「紀三井寺」で二番札を納めている。また七月朔日には、粉川寺で三番札を納めた。そして翌日には高野山へ登っている。高野山の入口、「大門迄弐丁女中召つれ、夫より女中は十八丁、女人堂へ御

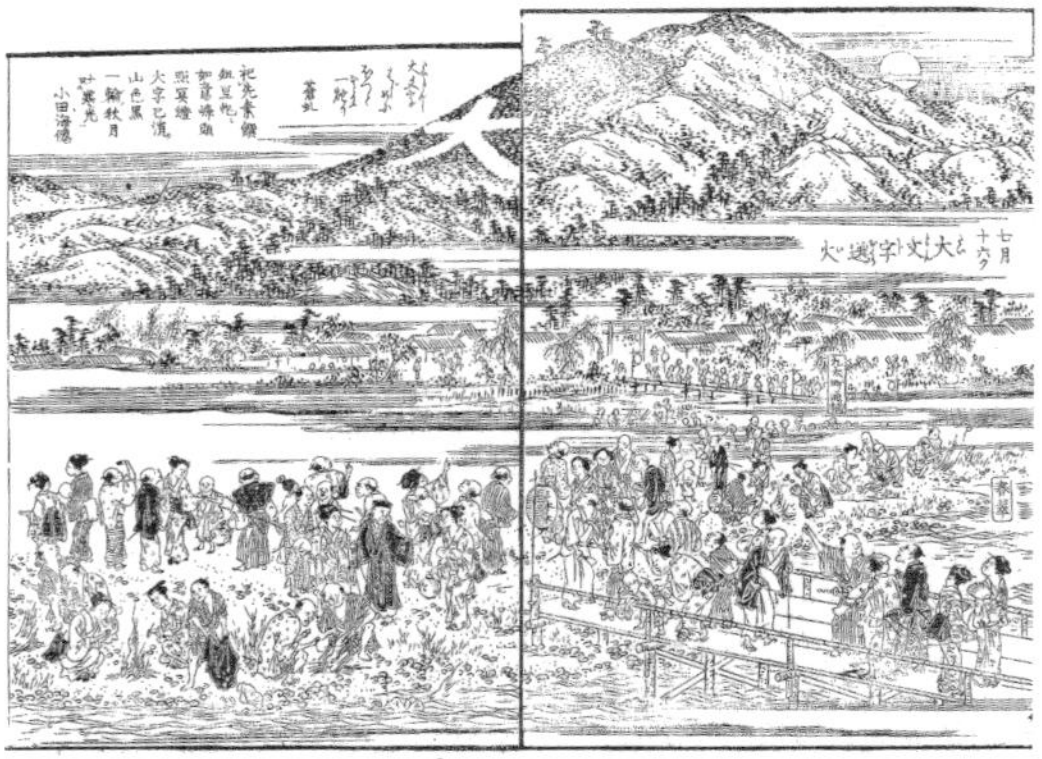

大文字送り火（『花洛名勝図会』，
国際日本文化研究センター蔵）

出被成候」とある。男衆は「本願院」へ立ち寄り、奥ノ院へ参詣し、月牌《がっぱい》（位牌の一種で、死者の毎月の忌日供養を営むために、位牌堂などに安置しておく。毎月の位牌供養をさすこともある）などを上げている。本日は女人堂へ下り、女中と一緒に「紙屋」（神谷）で一泊。

高野山を下山してから一行は、巡礼・札所の順番を考慮して、旅を続けている。そして七月十五日には、京へ入っている。十六日には、真宗の本山本願寺へ参拝。「銀三匁九分に而、御盃頂戴仕候、外ニ金子百疋揚ヶ金仕候」とある。銀三匁九合と、別に百疋を添えて（取り次ぎ料か）、恐らく門主から盃を直々にいただいたものであろう。また日記には、「今夕一條之川原に行て東山之文字焼、北山には妙法之文字船之もやう焼申候、見物仕申候、一條より四條川原迄夥敷見物人に而御座候」とある。有名な東山の大文字焼（七月十六日夕、大文字の送り火）と北山の文字焼を見物している。これも、恐らく当初の計画・予定に入れていたものと思われる。

翌日からは、巡礼の続きへと旅立つ。二十五日には、「若州小濱港」（福井県の南西部、若狭港に臨む）へ着いた。ここでも「筑前焼物船」が来ているか尋ねたところ、「脇浦孫四郎殿・吉次殿」が滞在しているというので、会いに行き昼食をした、両者がしきりに止めるので、ここで一泊した。

そして八月三日には、「美濃谷汲山華厳寺へ三拾三番札を納申候」とあり、「此所ニ而納仕舞也」とある。「華厳寺《けごんじ》」（谷汲寺《たにぐみでら》ともいう、天台宗）で、全三十三所巡礼を終了している。

道頓堀歌舞伎劇場（『摂津名所図会』）

五日には、「尾張大納言様六拾弐万石ノ御城下」である名古屋へ入る。ここにも筑前衆三人の船が入港しているので、夕方その内の惣兵衛殿よりの振舞・馳走にあづかっている。翌日は名古屋見物をし、熱田大神宮（名古屋市熱田区新宮坂町にある、旧官幣大社）へ参詣。もう一人の筑前衆の、ご馳走を受けている。

七日は名古屋を立ち、十一日に京へ入る。十二日以降は京の名所見物に日数を費やし、十七日京を立ち大阪へ。以降大阪では、花火見物・芝居見物・浄瑠璃と、気ばらしをしあるいは問屋衆中よりの振舞を、それぞれ受けている。

そして九月十三日には、「平戸田平福神丸江乗込申候」

とある。「平戸田平」（平戸市田平）の福神丸と乗船契約ができ、帰途についた。

十四日には兵庫へ着き、「此所ニて船ニ樽を積」んでいる。灘の酒樽を買い込んでいる。摂津の池田・伊丹および灘五郷は本場の酒として、菱垣回船・樽回船などによって江戸へ送られ、「下り」と呼ばれて江戸消費量の七〇－八〇パーセントを占めるまでになっていた。灘の酒は、高級酒として知名度が高かった。

十九日には下関へ着き、二十日は「黒崎」（北九州市八幡西区）で一泊。二十二日には博多で泊まり、翌日は今宿から前原を経て、深江（福岡県二丈町の大字）で一泊。二十四日には、「徳末」（徳須恵、唐津－武雄街道の一部として宿場を形成、唐津市北波多徳須恵）で一泊。

二十五日は「徳末」まで迎えの乗馬が五匹来て、五ッ半（午前九時）出発。藩境のゆるやかな峠「池の塔」（唐津領府招《ふまねき》村、ここは佐賀藩との境界で、往還筋にあたるため、番所が置かれていた）で家内親類一同が出迎えており、「野もせ」で酒迎えをした。そして夕暮れに伊万里に着き、三社参り（戸渡嶋神社、祇園社、若宮社か）をしてめでたく帰宅した。最後は次のように記している。

郵便はがき

料金受取人払郵便

博多北局
承認

7067

812-8790

158

差出有効期間
2016年3月13
日まで
（切手不要）

福岡市博多区
奈良屋町13番4号

**海鳥社営業部** 行

通信欄

## 通信用カード

このはがきを，小社への通信または小社刊行書のご注文にご利用下さい。今後，新刊などのご案内をさせていただきます。ご記入いただいた個人情報は，ご注文をいただいた書籍の発送，お支払いの確認などのご連絡及び小社の新刊案内をお送りするために利用し，その目的以外での利用はいたしません。

**新刊案内を［希望する　希望しない］**

〒　　　　☎　（　　）

ご住所

ご氏名《フリガナ》　（　　歳）

お買い上げの書店名

**伊勢参宮日記を読む　北部九州編**

関心をお持ちの分野

**歴史，民俗，文学，教育，思想，旅行，自然，その他（　　　）**

ご意見，ご感想

## 購入申込欄

小社出版物は全国の書店、ネット書店で購入できます。トーハン，日販，大阪屋，または地方・小出版流通センターの取扱書ということで最寄りの書店にご注文下さい。なお、本状にて小社宛にご注文下さると、郵便振替用紙同封の上直送いたします。送料無料。なお小社ホームページでもご注文できます。http://www.kaichosha-f.co.jp

| | | |
|---|---|---|
| 書名 | | 冊 |
| 書名 | | 冊 |

## 西国三十三所札所

| | | | | | |
|---|---|---|---|---|---|
| 1番 | 青岸渡寺（那智山寺） | 和歌山県那智勝浦町 | 17番 | 六波羅蜜寺 | 京都府京都市 |
| 2番 | 護国院（紀三井寺） | 和歌山県和歌山市 | 18番 | 頂法寺（六角堂） | 京都府京都市 |
| 3番 | 粉河寺 | 和歌山県紀の川市 | 19番 | 行願寺（革堂） | 京都府京都市 |
| 4番 | 施福寺（槇尾寺） | 大阪府和泉市 | 20番 | 善峰寺 | 京都府京都市 |
| 5番 | 葛井寺（藤井寺） | 大阪府藤井寺市 | 21番 | 穴太寺（穴穂寺） | 京都府亀岡市 |
| 6番 | 南法華寺（壺阪寺） | 奈良県高取町 | 22番 | 総持寺 | 大阪府茨木市 |
| 7番 | 龍蓋寺（岡寺） | 奈良県明日香村 | 23番 | 勝尾寺（弥勒寺） | 大阪府箕面市 |
| 8番 | 長谷寺（初瀬寺） | 奈良県桜井市 | 24番 | 中山寺（中山観音） | 兵庫県宝塚市 |
| 9番 | 興福寺南円堂 | 奈良県奈良市 | 25番 | 清水寺（播州清水寺） | 兵庫県加東市 |
| 10番 | 三室戸寺（御室戸寺） | 京都府宇治市 | 26番 | 一乗寺 | 兵庫県加西市 |
| 11番 | 上醍醐寺 | 京都府京都市 | 27番 | 圓教寺（西の比叡山） | 兵庫県姫路市 |
| 12番 | 正法寺（岩間寺） | 滋賀県大津市 | 28番 | 成相寺 | 京都府宮津市 |
| 13番 | 石山寺 | 滋賀県大津市 | 29番 | 松尾寺 | 京都府舞鶴市 |
| 14番 | 園城寺（三井寺） | 滋賀県大津市 | 30番 | 宝厳寺（竹生島宝厳寺） | 滋賀県長浜市 |
| 番外 | 元慶寺 | 京都府京都市 | 31番 | 長命寺 | 滋賀県近江八幡市 |
| 15番 | 観音寺（今熊野観音寺） | 京都府京都市 | 32番 | 観音正寺（仏法興隆寺） | 滋賀県近江八幡市 |
| 16番 | 清水寺 | 京都府京都市 | 33番 | 華厳寺（谷汲寺） | 岐阜県揖斐川町 |

## 畿内の巡礼路（熊野・高野・吉野・伊勢詣 西国三十三所巡礼路）

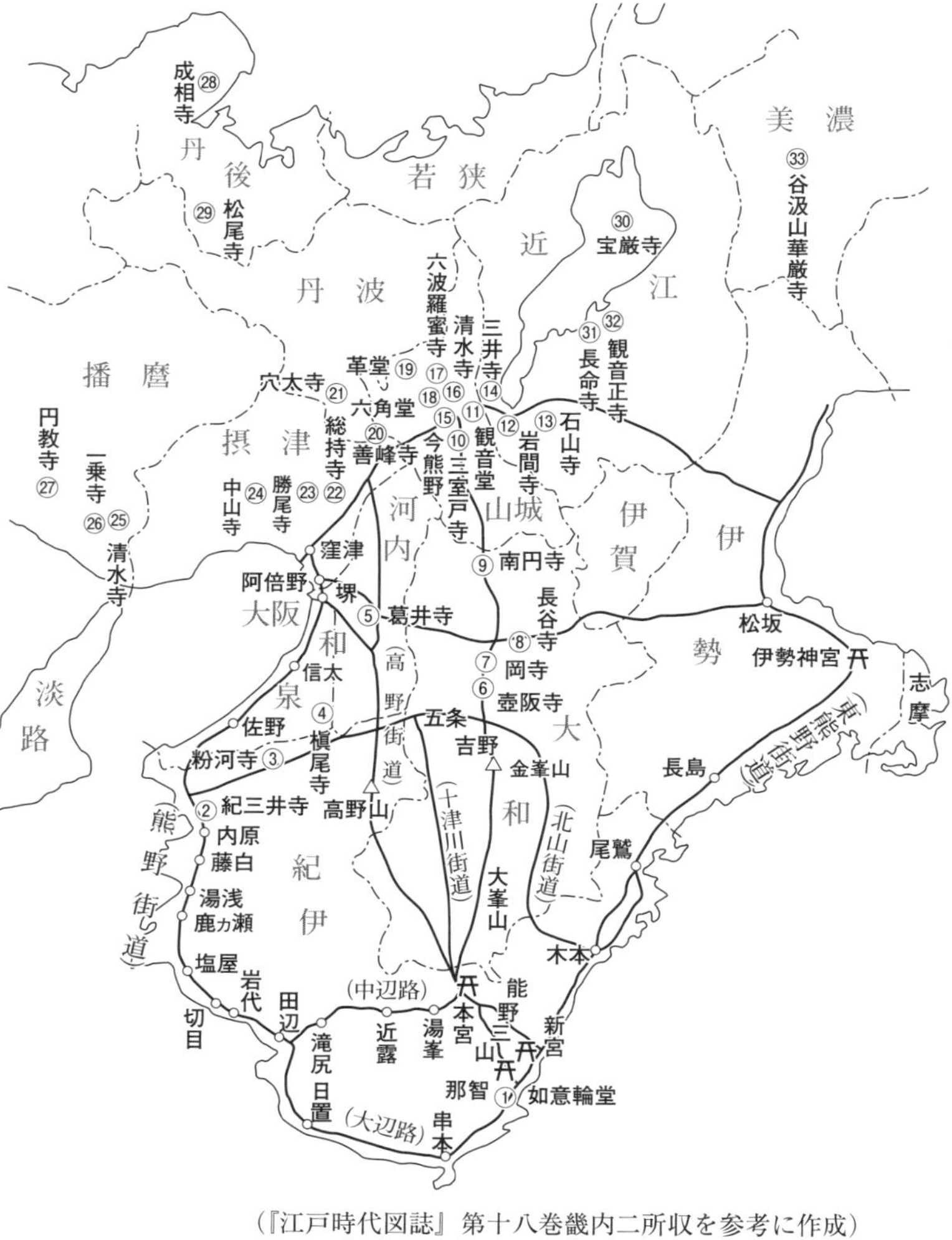


（『江戸時代図誌』第十八巻畿内二所収を参考に作成）

干時寛政元酉九月廿五日
吉冨十兵衛内
前川善三郎内
前川善太郎
道山市兵衛
野田権七
〆
外ニ大坂より播摩や利七雇、西国中歩行申候

この道中日記に加わえて、今回の参宮関係資料として「萬控帳」と「伊勢参宮并西國順禮銭別控」（伊万里市歴史民俗資料館所蔵）とがある。「萬控帳」には、道中の諸費用が記されており参考になる。また餞別帳は、この旅行に際し前川善太郎とその母、及び前川家に贈られた金品の控えである。その内訳は、前山氏の解説によると伊万里一〇八人をはじめ、合計一七〇人に達している。また餞別は金品のみならず、土地柄か魚介類も多い。

無論、この餞別を戴いた方々には土産物が渡されているが、総数一三五人にも達する餞別をもらわなかった人々にまで、土産を渡している。その内訳は前川氏の住む下町二十人と中下町十八人、土井上町十一人、浦町九人、浜町八人などである。これらの詳細については、前山氏

前川・道山両氏奉納
の祇園社の石灯籠

の前著に全てあるので、ご参照願いたい。
なお従兄弟の善太郎と市兵衛は、神社への石灯籠献納にも共同している。伊万里市大坪町地北《じきた》の祇園社一番下の石灯籠は、文化三年（一八〇六）の献燈であるが、向かって左側は「道山市兵衛・同市太郎」・右側には「前川善左衛門・同善三郎」とある。また立花町六仙寺の若宮社裏側にある天照皇太神の石祀に奉納した灯籠（右）は、「文化十二年、前川善左衛門・道山市兵衛」両人によるものである。

陶器商人の参宮・西国巡礼・上方見物は、日程からして通常の倍を費やしている。また途中、芝居・浄瑠璃などの余興・遊びに何度も出かけ、大阪での川船遊び等々高額な出費を伴なう日々を過している。これらは、陶器取り引き・商売上の付き合いからくる特殊な事情によるもので、通常の参宮者では有り得ない。

日記には、大阪での問屋へのあいさつ回り（六月九日）西国巡礼途中で紀州田辺での接待（閏六月二十六日）・若洲小浜（七月二十五日）・名古屋（八月五日・六日）・大阪（八月十七日以降）と、問屋衆中、各地に入港している取引き関係者よりの振舞、馳走が記されている。

有田焼は、伊万里港から積み出されたため伊万里の商人が陶器をあつかうことになるが、そのため伊万里焼としての名も広まった。幕末天保六年（一八三五）同港からの積み出し額は、大阪へ三万六千俵・伊勢へ一万六千俵・備前へ一万三千俵・江戸を含む関八州へは十一万俵とあり、全国で三十一万俵にものぼったという。また商人は、八十人であった（「伊万里歳時記」）とある。

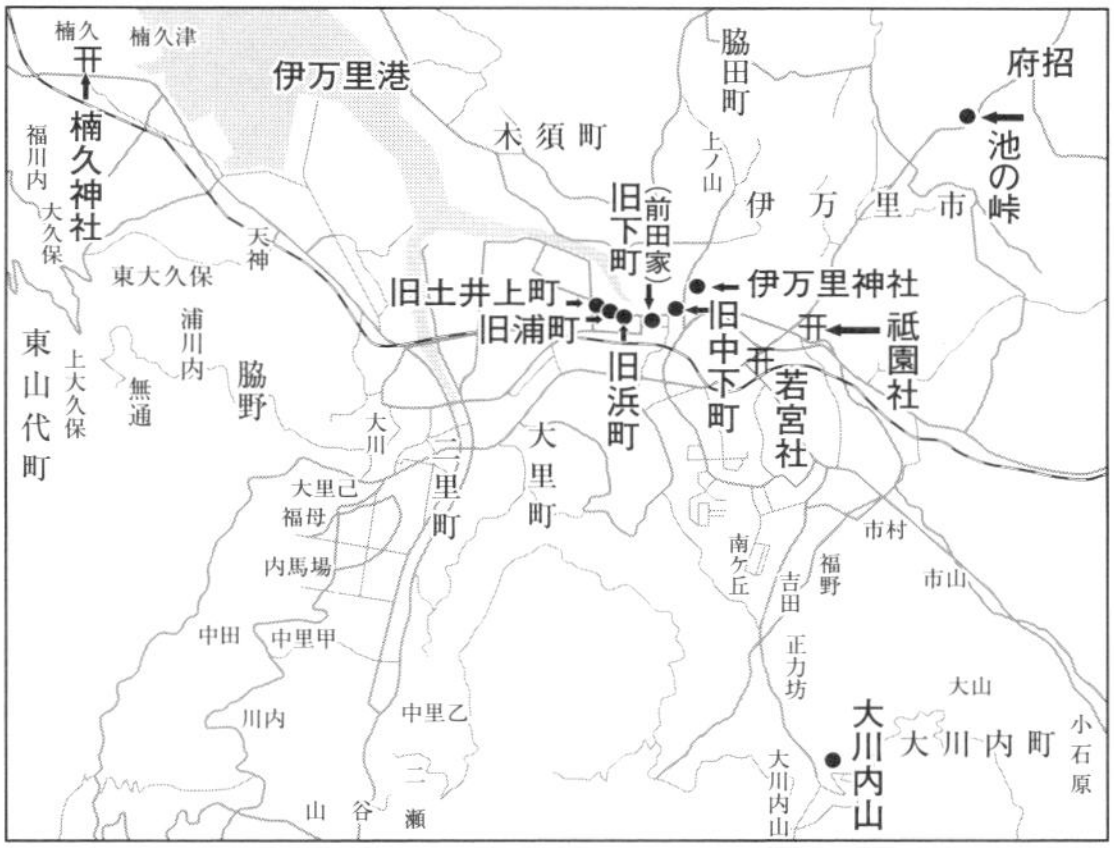


伊万里港周辺（５万分の１地図）

『角川日本地名大辞典　四十一佐賀県』の「総説」に、有田焼が記されているので引用する。

> 有田焼は、朝鮮出兵のとき鍋島直茂が朝鮮半島から陶工を連れてきたのに始まる。李参平は元和二年（一六四六）、有田郷の泉山で白磁鉱を発見し、有田天狗谷の窯で古伊万里の磁器を焼いたとされている。正保三年（一六四六）に酒井田柿右衛門が赤絵付《あかえつけ》に成功して有田焼に新生面を開いた。
>
> 佐賀藩は寛永五年（一六二八）有田焼の御用窯を有田岩谷川内《いわやかわち》に作った。御用窯はのち南川原山《なんがわらやま》に移り、さらに延宝三年（一六七五）には大川内山《おおかわうちやま》に移された。製品

有田焼の窯元が建並ぶ大川内山

は鍋島家に納められ、将軍家や諸大名へ贈られ、禁裏御用に指定された窯もあった。これら古伊万里・柿右衛門・大川内などは有田焼と総称されるが、伊万里港から海外へも積み出されたので伊万里焼の名称が広まった。

佐賀藩では、有田焼の技術が他領へ漏れるのを恐れ、とくに赤絵付については、寛文十二年（一六七二）から赤絵業者を集めて赤絵町をつくらせその秘法を守らせた。藩窯としての大川内の御道具山の出入口には関所を設けた。有田焼の全盛期は江戸中期と考えられるが、天保六年（一八三五）に伊万里港から積み出された陶磁器は、三十一万俵にのぼり、うち四万六千俵は輸出品で移出先は東北・北海道にまで及んだ。他藩の商人からの買付は三十三万俵にのぼった。寛文二年（一六六二）以後、長崎問屋を経てオランダに輸出されたが、嘉永六年（一八五三）には、佐賀商会が設けられ外国と直接取引が行われた。

藩は有田焼に対する統制を強化し、運上を課して重要な財源とした。一部には専売制も実施した。

（三十五頁）

また同書の「伊万里市」の近世の項によると、次のようにある。

国内へは寛文初年から紀州商人によって大々的に行われ、享保年間（一七一六〜三六）には大坂富田に卸問屋ができている。（中略）

文化三年佐賀藩は財政増収のために、大坂において有田焼を蔵屋敷専売とし、これまで同地蔵元二十九人に卸していたのを、京坂・紀州の卸商人を集めて入札公売することに改めた。さらに天保元年には有田皿山の生産および販売について積極的な統制を施行した。この頃紀州宮崎・筑前芦屋・船越・久家・脇ノ浦および越後新潟や雲州松江、下関など、弘化頃には伊予・播磨・越前・土佐などの諸国商人の焼物仕入のための往来が盛んであった。（七十七頁）

伊万里焼窯場（『日本山海名産図会』）

戸渡島宮へ奉納の石鳥居（伊万里神社境内）

前川善太郎が記した本書「寛政元年伊勢参宮并西国三十三所順礼道中記」は、標題にもあるようにお伊勢詣をかねての、西国三十三ヶ所観音霊場を巡拝する五カ月もの長旅の日記である。この中には、前川家が陶器商人であることから、大阪の陶器問屋との関係、旅の途中での筑前商人との出合いなどが記されている。

前川一行は参宮の後、熊野三山を経て閏六月二十六日には、「紀州田辺」に入る。「此所ニ而筑前岐志善蔵殿船参り居り候ゆえ、ちょっと立ち寄り暫くあい休み候」とある。田辺からは、「印南《いなみ》」・「湯浅」を経て和歌山へ向かうその途中、有田川を渡し舟で渡る。この川の河口が有田港で、紀州陶器商人の本拠「宮崎荘箕島」（和歌山県有田市箕島）であるが、なぜか関心を示さない。「此辺、みかんの木沢山にこれあり」と記すのみ。

伊万里の港近く、伊万里川右岸の香橋《こうきつ》の丘に、「伊万里神社」が鎮座する。昭和三十四年に「戸渡島《ととしま》神社」を、同三十七年には「岩栗神社」（共に伊万里川左岸の市街地にあった）を合祀し、現社名となる。同神社には、ご祭神のみならず、前二社に奉納されていた石造物も移されている。

伊万里市歴史民俗資料館が発行した図録『伊万里の陶器商人』によると、「願主筑前船越浦

・同久家渞、船頭中」の文化十一戌（一八一四）十一月寄進の石灯籠一対（高さ一丈余）は、参道に移設されており、もともと戸渡嶋社への寄進であったことがわかる（三十頁）。

また同神社東参道入口の戸渡嶋社石鳥居（写真）は、文政二年歳次（一八一九）巳卯九月吉日、前川善左衛門富造（六代）の奉納であり、摂社中島神社前の石灯籠一対は、天明三卯（一七八三）九月吉日の善三郎廣富（五代）の奉納である。この頃が、陶器商前川家の盛期であったとみられる（前書参照）。

さらに参道石段昇り口左側には、文化十一年に紀州宮崎の商人四人が奉納した手水鉢（写真）がある。前書図録によると、「同年（文化十一）箕島の陶器商人連中の名で寄進した差渡し三尺角の金燈籠一対があったことも記録されている。また、今日もはや見ることのできない伊万里町立町天満宮の鳥居（嘉永三年建立）の寄進者の中には九名の紀州商人があった（焼酒屋源次郎ら）」（三十四頁）とある。

航海の安全を願って、各地の商人が取引先の神社へそれぞれ灯籠や鳥居などを、寄進しているのである。

紀州商人奉納の手水鉢
（伊万里神社境内）

### 太神宮板碑

肥前地方にはこの地方独特の太神宮板碑が存在するので、ここで若干紹介する。なお太神宮板碑などを収録したものとして、昭和五十九年六月に発行された九州歴史資料館学芸課長松岡史氏の『肥前の板碑　佐賀県篇』（松岡史氏著・松浦党研究連合会編）がある。

松岡氏の本書は板碑の綜合研究であるが、その「結語」によると、「江戸時代の太平の世相の反映と、各藩の旅行制限政策を反映して流行するのが伊勢詣であり、その結果伊勢講板碑が各地に造立される。鹿島市能古見の寛永七年の伊勢講碑が現在のところ最も古く、以後寛文年間に絶頂を迎える。これは他の地域では絶無であり、肥前のみの現象である。」（五頁）という。

この寛永七年（一六三〇）の板碑とは、前書によると次のようにある。

筒口梵字伊勢講板碑

自然石梵字伊勢講板碑

所在地　鹿島市筒口

寛永七年庚午（一六三〇）

五点具足《ウーム》　太神宮　（交名）

大日種子　二月吉日

安山岩　高一二五《セン》《チ》、幅八三《セン》《チ》

（三十六頁）

松岡氏の前書を受けて伊万里市郷土研究会会員の田中正義氏は、同研究会会誌『烏《からす》ン枕《まくら》』の第三十六号（昭和六十一年三月発行）以降において、「伊万里地方の伊勢講碑(1)～(7)」を発表している。

その「はじめに」によると、「伊勢参宮記念の碑を地元では、「伊勢講石《いせこし》」「太神宮さん」「お伊勢さん」などと呼んでいる」という（八頁）。そして市内伊勢講碑一覧（表一）を示している。「調査結果について」では、「表一に見られるとおり、市内各地に多数の伊勢講碑が残っていることが判った。県内で調査が進んでいる武雄市には六十一基、鹿島市には四十一基が確認されているが、本市内の九十四基は数としてはこれらを上回るものである」（八頁）という。そして、「お伊勢まいりや伊勢講に関する文書の残されたものが極めて少ないので、碑の存在は大変貴重である」（九頁）ともいう。

なお伊万里市内で一番古い伊勢講碑は、寛文元年（一六六一）の山代町楠久の楠久《くすく》神社の板碑である。

また平成十四年には、佐賀県呼子町・八幡神社の宮司八幡崇経氏は、「九州北部の伊勢信仰」（『瑞垣』第百九拾参号所収）を発表している。

その中で同氏は、次のように太神宮碑についても触れている。

楠久神社の板碑（本殿左奥）（総高150センチ，幅120センチ）

　このような伊勢参宮の結果として建立された太神宮碑は、伊勢参りの仲間同士で作られる場合や、講員全員が代参を済ませた後に建てる場合があった。
佐賀県内とくに佐賀平野を中心とした太神宮碑について、管見に及んだ市町村史によれば、以下のようである。

武雄市　寛永一一年（一六三四）以降、六一基
杵島郡北方町　寛永一九年（一六四二）以降、二〇基
同　江北町　正徳　四年（一七一四）以降、七基
同　白石町　万治　元年（一六五八）以降、一八基
佐賀郡川幅町　寛文　元年（一六六一）以降、三六基
同　諸富町　明暦　四年（一六五八）以降、一五基
小城郡三日月町　享保　八年（一七二三）以降、六基
三養基郡上峯町　安永　五年（一七七六）以降、七基

武雄市西川登町の高瀬《こうぜ》松尾神社境内の太神宮碑は、寛永一一年（一六三四）のもので、県内最古のものである。この他にも年代不詳のものが他にあるので全体数としては、これ以上であることは間違いない。また市町村史によっては、記述されていない場合もあるので一概には言えないが、かなり多くの太神宮碑が県内に残されている。橋村肥前大夫の史料から指摘されることと共に、近世の早い段階から地区単位の仲間によるお伊勢参りが頻繁

（四十四頁）

に行われていたことを示しているといえよう。

なお八幡氏が県内最古とされる武雄市松尾神社の太神宮碑を調査したが、銘は寛文十一年正月吉祥日とある。

佐賀県内には、地域的な特色のある太神宮碑の存在が確認されているが、長崎県内にもこれらは分布しているようだ（『板碑の綜合研究』松岡史氏他）。

佐賀県内や長崎県には、大神宮への参拝を記念した板碑が江戸期以降に点々とある。また板碑ではないが、埼玉県神社庁神社資料室の高橋寛司氏の資料提供によると、鳥居・灯籠（常夜灯）・狛犬・手水鉢など、神宮参拝を記念して「伊勢太大講連中」が地元の氏神へ奉納した記念の石造物が点々と存在する（『白岡町史資料十二』金石Ⅲ、一九八八年など）。これらも、講中の参宮旅費や御師への御供金・大神楽奉納金と合わせ、出費の予定に入っていたものと思われる。

松尾神社の太神宮碑（総高170センチ，幅92センチ，厚さ32センチ）

なお八幡氏により前書に於いて、九州地方の伊勢御師の分布図が『神宮御師資料』をもとに示されているので、引用する。右の記録によると、九州地方で三十六の祓銘、そのうち宇治の御師が十四件、山田は二十二件となっている（三十八頁）。

## 九州地方の伊勢御師分布図

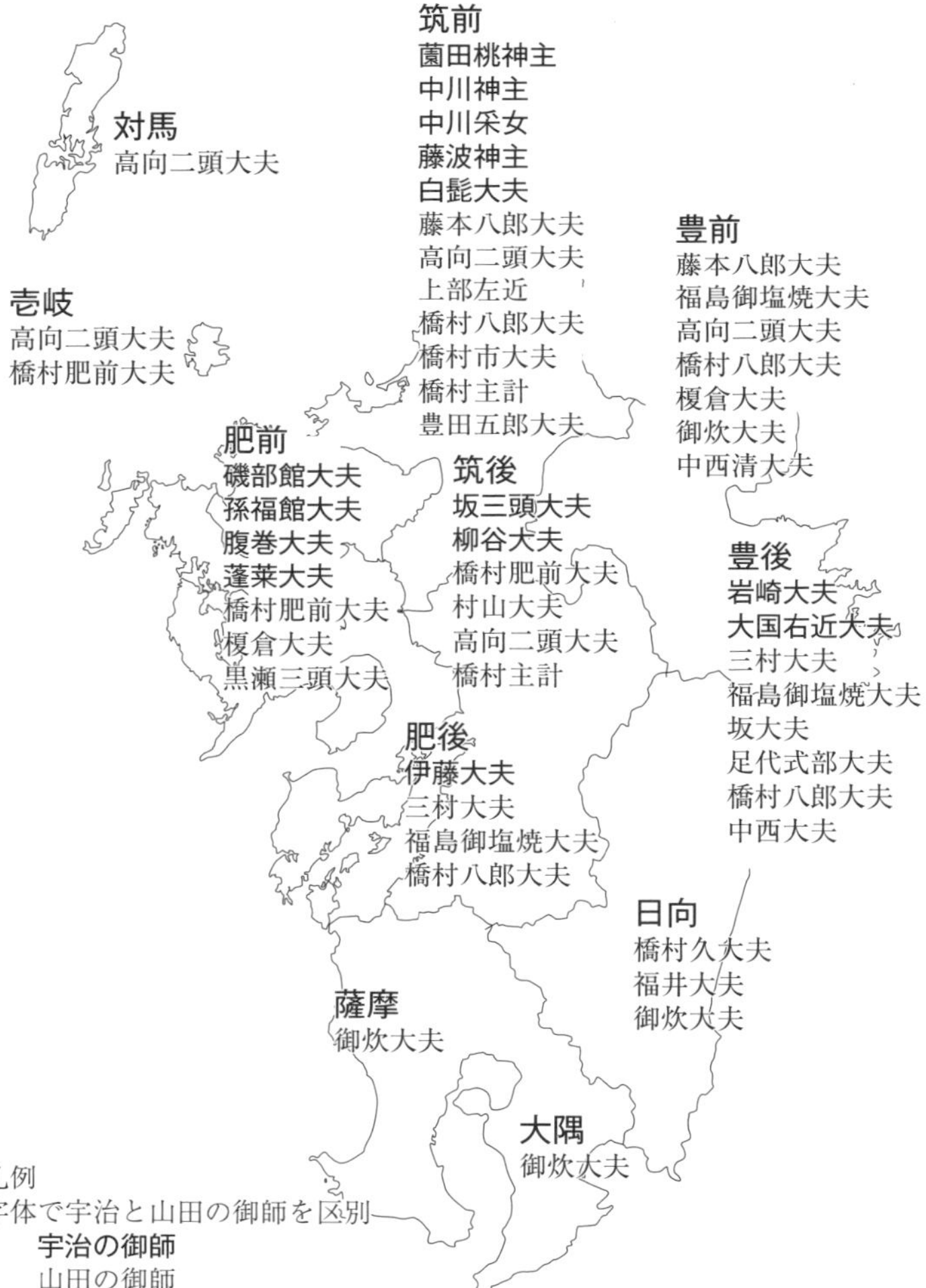


凡例
字体で宇治と山田の御師を区別
**宇治の御師**
山田の御師
※境は現在の県境

『瑞垣』第193号を参考に作成

# 第六章　江戸の旅

石場（『伊勢参宮名所図会』）
参宮へ出た村人を迎えている。この後「酒迎え」が行われたことだろう

## 一　旅の心得

誰でも、はじめての旅立ちは不安がつきものである。安心して旅行ができるように、その心得を記した八隅蘆菴《やすみろあん》の『旅行用心集』（文化七年刊）なども出版された。その六十一カ条の中から、若干記してみる。まず最初に

一、はじめて旅立ちの日は、足は特に静かに踏みたてて草鞋《わらじ》の具合などを試し、二、三日は何回も休息をとり、足が痛まぬようにする。出発したばかりは気が急くあまり、休みもせずに無理をするもので、足を痛めると四六時の難儀になるから、はじめは格別に足を大事にすることが必要である。

とある。三浦梅園も、旅の初めで足を痛めている。気が急いて、先をいそいだためであろうか。また、

一、旅籠《はたご》に着いたら、一番にその土地の方角を聞いて確かめておき、つぎに旅籠の構造・厠・裏表の出入り口などを見覚えておくこと。これは、古くからの教えだが、火事や喧嘩・盗賊に遭ったときの用心のためである。

一、旅籠に定宿にもちろん、その道中がはじめてで不案内なら、なるたけつくりのいい賑やかな旅籠に泊まること。家賃が多少高くてもそれだけ益がある。

一、道連れは多くても五、六人が限度、大勢はよくない。人間は性格がさまざまだから、大勢だと長道中の間に必ず不和が生じる。

一、道連れにしてはいけない人は、大酒飲み、癖のある酒飲み、てんかん・喘息《ぜんそく》などの持病のある人。いつその病が起こるかもしれないからで、それさえなければ問題はない。

一、道中の路銀は胴財布に入れて、日々の入り用は小出しにして遣うこと。小出しにするときは夜分でも人目につかぬようにすること。

などなど。

旅館・ホテルに着いたら、非常用出口の確認は必要である。また、旅の道連れ・同行者は、少人数に限ることもまたしかり。長旅ともなると、病人が出たらどうしようもない(現代とは違う)。

また、貴重品を入れる金庫もないので、一人旅は不用心。あるいは「路銀」とあるように、紙幣がないので両替が必要であり、持ち運びに不便である。

## 二　旅の道具

江戸時代の財布には、いろいろな種類があった。それは、金貨・銀貨・銭の種類によって、財布の保管にも留意が必要であった。大金は胴巻きに入れて躰に巻きつけ、財布は紐を通して首からさげて懐中深くしまっていた。急に金が入り用になる時は、腰に下げる革製の「早道」を使う。もともと早道は飛脚のことであるが、財布より早く取り出せることから、こう名付けられた。

当時の旅は徒歩が原則である。だから携帯品はなるべく少なく軽くし、そして盗まれぬよう身につけて歩いた。『旅行用心集』には、矢立《やたて》・扇子《せんす》・糸針・懐中鏡・日記帳・櫛《くし》ならびに鬢《びん》付油《つけあぶら》・提灯《ちょうちん》・ろうそく・火打道具・懐中付木《つけぎ》（火を移すのに使う木）・麻綱《あさつな》・印板などを挙げている。このうち麻綱は、洗濯した衣類などを乾かすときなどにも用いた。ほかに手拭い・財布・紙入れなどは当然として、磁石つきの懐中日時計とか、折り畳み式の携帯用の旅枕など、当時もさまざまなトラベルグッズが工夫されていた。

旅の持ち物は細かく折りたたんだり、まとめたりして手行李に入れ、桐油紙でくるんで振分け荷物にしたり、つづらに入れて両掛けにして天秤でかついだ。

# 旅装束・道具いろいろ

（写真は全て箱根町立歴史民俗資料館提供）

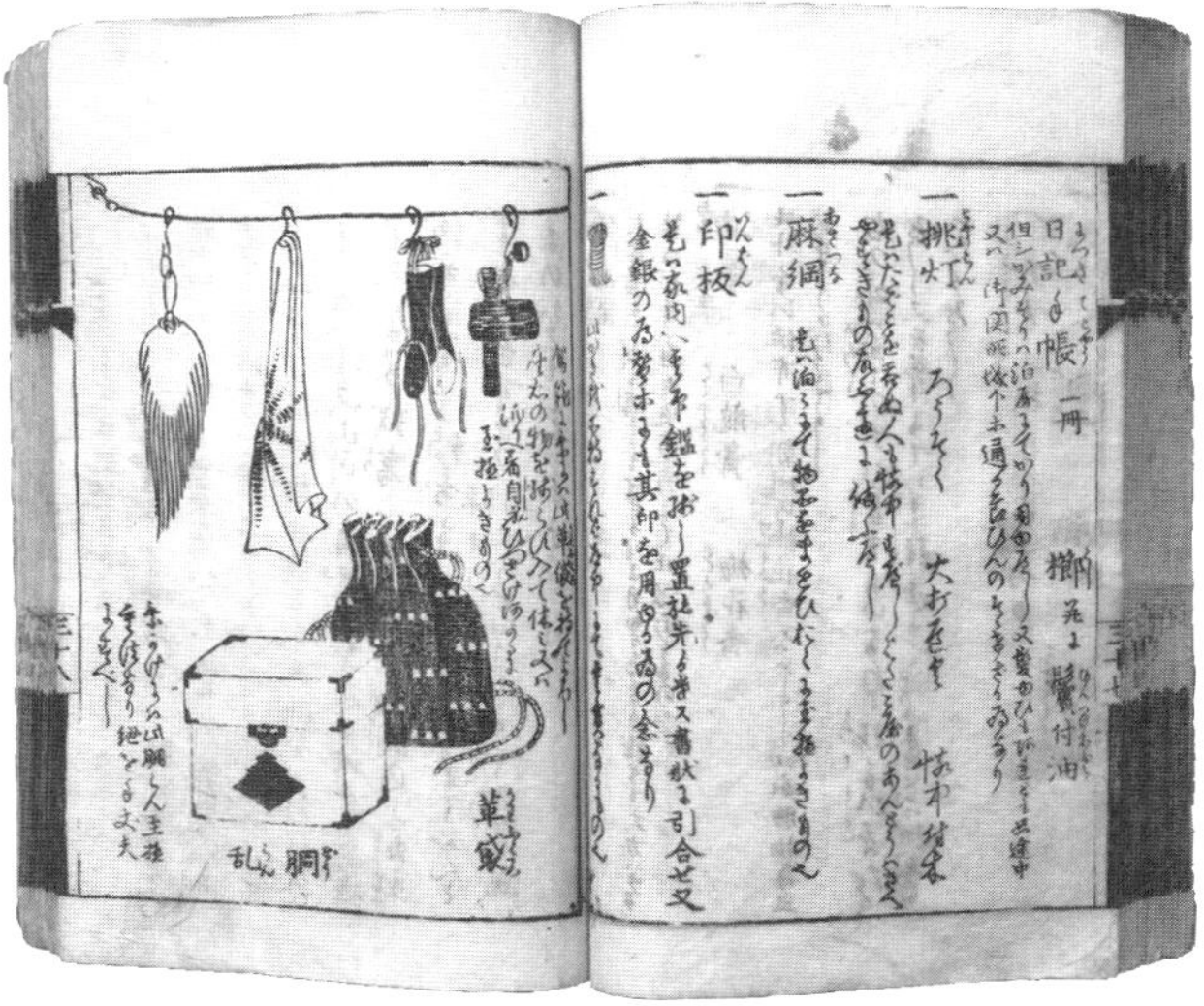

旅用心集：旅の持ち物や注意事項など細かく説明してある

旅行中最も重たい荷物の一つがお金。大金は胴巻きにし懐に隠し、小銭は巾着や早道などに小分けにした。また、銭刀などお金を隠す工夫もされた。

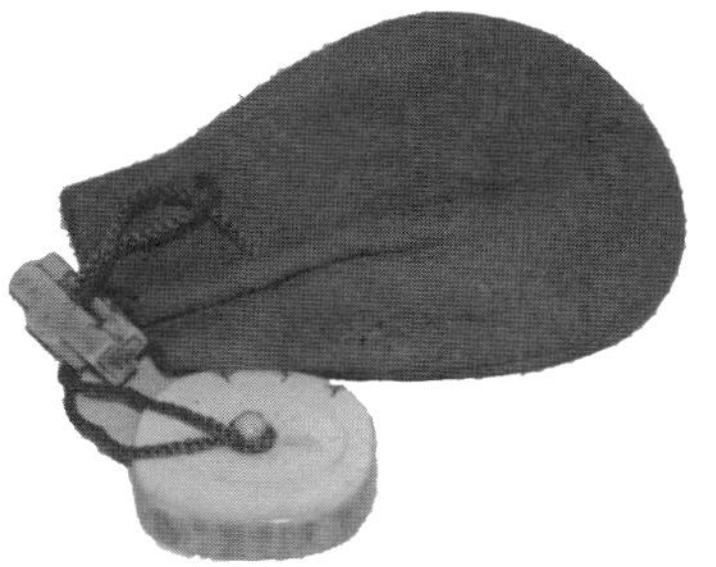

巾着

早道

財布

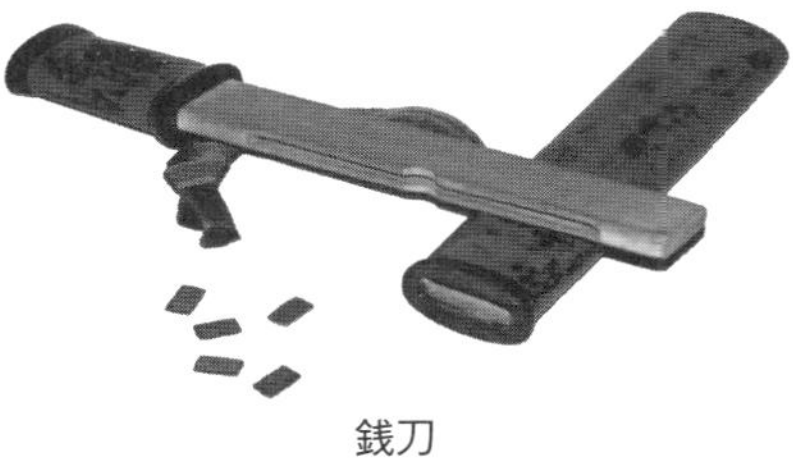

銭刀

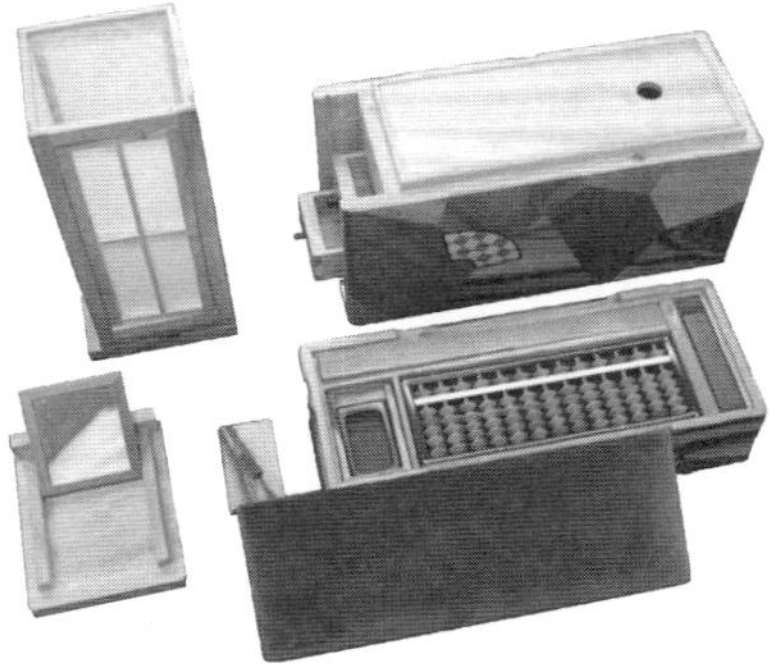

**行商人用の旅枕**：枕の中にそろばんや筆など様々なものが収納されている

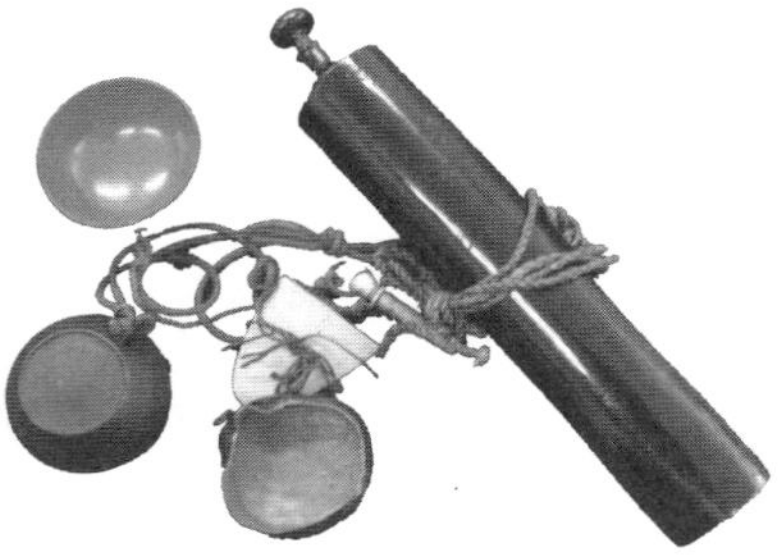

水筒・水呑

**印籠**：薬を入れて腰に下げた

**弁当箱**：中は小分けにされており、受け皿も付いている

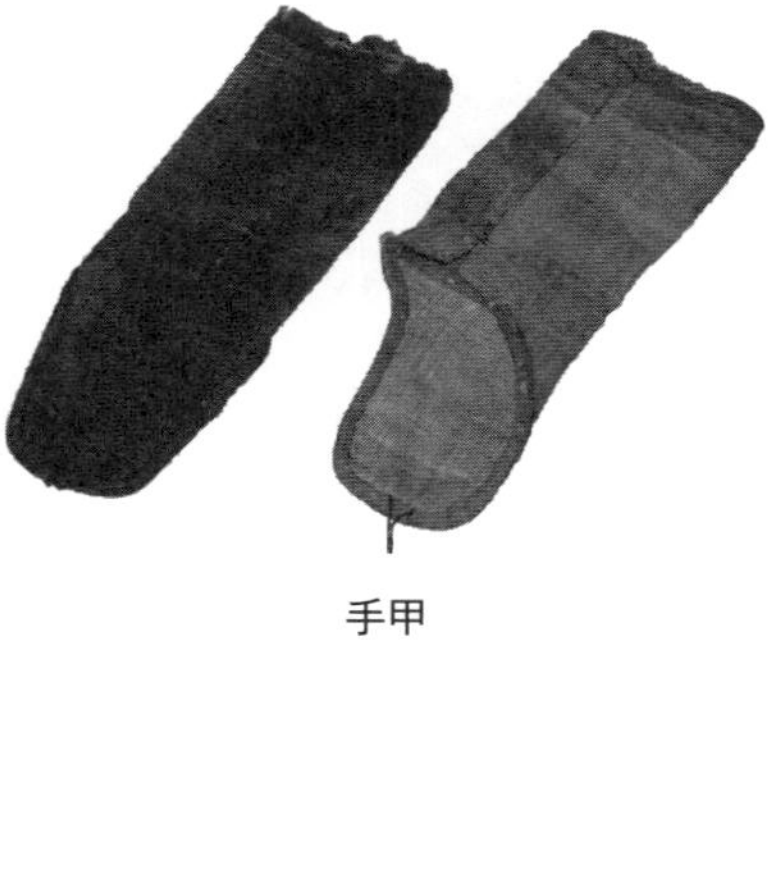

手甲

**矢立**：携帯用の墨と筆

脚絆

## 三　旅籠代・そば代・船賃などの諸経費

天保六年（一八三五）の筑前国朝倉郡より伊勢参宮した『伊勢参宮道中日記帳』（朝倉町町史資料集第四集、朝倉町教育委員会）によると、一月二十六日の秋月城下で「昼食仕廻、吸物とふ《豆腐》婦壱膳代八文、△山ノ口百四十文」とある。

次の日は、「吸物廿六文ヤス也」とある。二月朔日の「浅市町」（山口県厚狭）では、「山ノ口百廿文」とある。またこの日は「昼飯仕廻」の次に、吸物の記事がない。恐らく昼に茶店に寄らず、弁当のみで済ませたものであろう。

二月二日は、「すいもの十弐文」とある。この日、「昼飯のさい、蛸あたり言語同断相痛、追々薬等用」とあり、昼飯に入っていた蛸にあたり腹痛がひどく、持参の薬で何とか収まった。また、「二又瀬、川渡し銭拾弐文」とある。川渡しの船賃が、十二文かかっている。この日、「山口大神宮」へ参拝した。そして同所の神主「松田おふい《大炊》の守殿」に泊り、「三百文御世話料に納る」とある。普通の旅籠代の二倍を奉納している。神主宅でもご馳走を出したとみえて、日記帳には「夕膳」の献立品と翌日の「朝本膳」の品物が、列記されている。

二月五日には、「岩国の算盤橋」（錦帯橋）を見物し、「同町ニてそば喰、代廿四文」とある。翌日は宮嶋の厳島神社に参詣しているが、「そば壱膳、十六文、風呂ニ入」とある。前日と異なるが、中味・ヤク味と附け足しの品で代金も違ってくるのであろう。風呂代は、不明。

二月九日は、金刀比羅宮へ参詣しているが、「麓町ニ而うとん喰、代拾弐文」とある。またこの日の日記には、「弐朱一ッ代、八百三十文」とある。

二月十二日には、「吉井川渡ル、舟賃銭八文」とある。「焼《（八木）》山町ニて昼飯仕廻、吸物代七文」ともある。川を渡る舟賃（川の長さにもよるが）と吸物代が、ほぼ同じである。なおこの日赤《あこ》穂《う》城下の旅籠代は、一五〇文であった。

翌日は、案内人をやとっている。つまり、「片嶋町より馬場迄山越え近道いたす、壱里程案内江賃銭六十文ニて太郎平と申子供ニ案内頼、甚仕合宜、此所より室に参り候まて弐里之所ニ候得とも甚迷道多し、馬場ニ着、室津江九ッ頃着、同所ニて昼飯仕廻、吸物壱膳代六文、とふ婦也」とある。道の分析が多く、迷うといけないので一里程案内人（子供）をやとい、六十文支払っている。恐らく、旅籠の励めがあったのであろう。その日の吸物（豆腐入り）が六文であるから、案内賃は結構高くついている。同日の泊りは一二〇文で、「壱朱代、四百拾文」とある。

なお文化元年（一八〇四）の「福嶋矢原町」（福岡県八女市）からの『伊勢参宮道中記』では、「須磨の浦」（兵庫県神戸市須磨区）・三の谷・二の谷、源平戦の浜などに子供の案内を頼み、二十文を支払っている。

二月十四日は姫路の近く「書写山」円教寺へ参詣し、引き返して麓の店で昼飯を仕回っている。この日の宿代は一二五文で、「壱朱代、四百拾五文宛」とある。

二十六日無事に伊勢参宮を終えて伊勢別街道を通り、大津から京へと向けて「鈴鹿峠」を越えている。また二月晦日には、さすがに山越えに疲れたとみえて、大山より水口《みなぐち》への三里に、三人で馬に乗っている。日記帳には、「壱人ニ付百廿文宛、全体馬ニのる貨、壱里ニ付三拾文より拾文迄あり、籠ハ壱里ニ付百八拾文より五百文迄あり」とある。拙者らの三人は、三里で一二〇文支払っている。この日の宿代は一二五文で、「弐朱、八百五十弐文位」とある。土山《つちやま》宿と坂下宿との間にあるのが、鈴鹿峠の難所。伊勢側の強烈な坂道、馬がよく利用された。

鈴鹿峠（『伊勢参宮名所図会』）

次の三月朔日には、「是より大津江弐里、川船ニて参ル、壱人ニ付弐拾四文」とある。前日の馬代は三里で一二〇文出しているので、一里四十文となる。この日の船賃は、一里で十二文である。

以上記した中で、二月九日の「弐朱一ッ代、八百三十文」、二月十三日の「壱朱代、四百拾文」、同晦日の「弐朱八百五十弐文位」といったように、以下にも同様の記事が出てくる。これらは、いずれも両替の相場である。同じ日に同じところで両替しても店によって違う。そのため、両替して小銭に替えることを、「銭を買う」という。

ある程度の旅籠や茶店・大店などでは、「両替」の看板が掛けていた。旅人は小判や二朱・一朱銀を持ち旅行するが、時々小銭と両替をして、旅賃・橋や船・ワラジ・茶・たばこ代などの支払いをした。江戸時代は現在のように紙幣がなく

（もっとも藩札や私札はあったが）、伊勢参宮のような広域の旅行には、藩札などは通用しなかった。

そこで歩行の道中では、「銅銭」を沢山持ち運ぶのは困難であった。ゆえに旅には、価値の高い貨幣（小判や一分銀・一朱銀など）が必要で、途中で必要に応じて両替をしつつ、小銭を支払った。

『伊勢詣と江戸の旅』（金森敦子氏著）によると、越後国の柏崎での書き上げでは、文政二年の大工・左官・木換き・桶屋の日当は、一人が十二日働いて金一分とある。、無論時代によっても、地域によっても賃金の変動はあるが、一応の目安としてお金の単位と相場が記してあるので、引用する（三十三頁）。大工・左官など専門職の日当と、旅籠代がほぼ同じである。

次に、嘉永五年（一八五二）に旅した福岡市西区金武よりの「伊勢参宮道中記」（『近世末及び明治初期における金武の人々の伊勢参宮記』大賀舜之助氏編）では、二月八日の（厚挟）朝市での宿代は、「はたゴ百六十文出し」とあり、その日歩いた距離は「〆、八里」とある。翌日の「二又ぜ渡し、十二文出し」とあり、山口での「はたご百八十文出し、〆九里半」とある。十日は「宮市」（防府市）の「天満宮」（防府天満宮）へ参詣し、「富海《とのみ》」で一泊。「はたご百七十文出し、同所船かり、うん賃半(飯)代共に、金二朱、蒲団一ッに付四百文宛り」とある。十日には富海から船を借りているが、そこからどこまでの運賃であろうか。十六日には岩国の「金代橋」（錦帯橋）を見物しているが、その日は「宮嶋」の対岸に着船している。そして「船銭、七十六文出、同所大服屋右衛門殿方へ一宿仕る、二まかなひに二百文出」とある。つまり、富海から宮島までの船賃が、十日に支払った金二朱であろう。ここより船銭七十六文出して、大明神のある宮島へ渡って一宿した。

「上妻郡福嶋矢原町」の天保十四年（一八四三）の道中日記では、三月朔日「富海」で船頭忠助宅へ一泊し、船を借りる約束をしている。「八反帆借切ニ而、運賃壱人前八百三十文。但賄ハ外ニ壱日百文充也、且運賃之義、むろニ着せん之上、可相渡之約束也、船頭忠助かこ」（同、前文）とある。

1両＝4分＝16朱<br>
1両＝変動するが、おおよそ6貫500文前後<br>
（1貫＝1000文）

〈文政2年の柏崎の大工·左官などの日当〉<br>
12日＝1分＝4朱 ┋ 1両＝6830文⇨1朱＝427文<br>
3日　＝　　1朱 ┋ 　　　1／16<br>
⇨3日＝427文<br>
1日＝142文

お金の単位と相場

一行一七人は八反帆の船をチャーターし、室《むろ》まで一人一三〇文の運賃を支払う約束をした。なお船中での食事代は、一日一人百文であった。

一行は予定通り「室」まで乗船し、九日の七ッ半頃に着岸した。ここでの船頭の対応は丁寧であったとみえて、室津での別れの名残に、「酒杯たぶ（食）」と宴会を設けている。そして、「此舟頭至而叮寧ニ会釈候故、運賃外ニ二朱酒代と為相渡候ニ付、重々悦び申候」とある。船頭は物言いが丁寧で、いたって愛想がいいので、運賃外に酒代として二朱別に渡した。

また同じく「福嶋矢原町」の文化元年（一八〇四）の道中日記では、二月五日「三田尻舟頭此所参り、室迄舟かり切」の約束をした。同六日には、「此所より舟に乗。船頭萬屋又平。舟賃壱貫三百七拾文。ふとん一つ三百七拾五文匁。九反帆の舟也」とある。同行は十九人で舟を借り切っている。

次の十七日は嚴島神社・千畳敷を見て、「同所より広嶋迄海上五里」、船銭六十八文を出し、本川という所へ着岸した。船にて一宿し、「はたご八十文出し、ふとん代十文出し」とある。十九日は、「糸崎」より「小野（尾）道海上二里」を、船賃三十文出している。

以上のように、ここでの旅はその時々、所々で船をひろい、行先を確認・交渉して船賃を支払っている。

「豊後国富来《とみく》」（大分県国東市国東町の大字）の三浦梅園の「東遊草」（『梅園全集』上巻）の場合は、寛延三年（一七五〇）二月二十四日に尾道まで陸路を来たところ、「きのふの暮かた船人来りて、室の便りあり、風も追手なり、一昼夜に走りなんといふを」とあり、「海路三十八里、陸路三十八里いかがすべきとはかりけるを、友人も長途の労、船に慰めんといふにぞしかるべしとて」、船旅をすることになった。

梅園らの乗り込んだ船は、多くの旅人と荷物を積み込んだため、「こみに込んで」いる。梅園の船は二十六日夜、「夕部は舟のものども集まりて、大にさわぎて、博奕しけり。吾等はしらぬ事なればみる事も面白からで、かたへのかたに屈りふしぬ、夜もふけてかのものどもふしけるが、おきわすれて日の出るも知らざりけり、友人と相はかりけるは、舟中の欝陶甚しまして心いぶせき客のみなり」というので、舟を降り「下津井」（岡山県倉敷市）の町へ上がった。

梅園の日記には、旅の感想・見学地以外は旅のそれぞれの路程・距離のみが記されている。

船賃・旅籠代・わらじ・橋代・茶代（名物代）などの諸経費・支出が一切ないのである。

一方、「豊後国玖珠郡書曲村」（大分県玖珠郡九重町大字松木）の組頭を務めた帆足茂助（同行四人）の文政十三年（一八三〇）の参宮資料「参宮諸入用帳」（『伊勢参宮道中記』帆足正編）によると、茂助らは四月二十一日出立し「中津」（大分県中津市）へ出ている。中津から下関まで船に乗る。また下関から大阪までの船賃として、飯料共に「三〆三十三文」を支払う。大阪着は、五月十二日。

大阪では、「十三文、羅具駄《らくだ》見物」や「大坂城見物」とあり、「五十文・御城見物入用」とある。また十六日には、堺で一宿し一一七文支払う。十七日「八文、わらじ代」、十八日「十文、わらじ代」、十九日「九もん、わらじ代」とある。つまり歩行の距離は分からないが（通常八—十里か）、毎日わらじを購入している。

両替された小銭

茂助らは、十八日には「百五十文若ノ浦宿払」とあり、「若ノ浦」を経て高野山へと登った。百文で「高野山九重御守」を求め、三一二文で「西生院御札」と、百文で両親の法名を授かっている。西生院《さいしょういん》は高野町高野山六二三番地に所在し、名跡は現在「本覚院《ほんがくいん》」にある。この本堂は、五之室《ごのむろ》谷の東へ続く旧天神小路にあり、南は無量光院。別格本山で、本尊は不動明王。天正年間、美濃国の稲葉通貞らにより再興され、その俗縁により筑後国黒木らとも壇契があるという。その関係からか、八女地方の人々はここを宿坊としたのであろう。ここには、尾張徳川家・稲葉一鉄・日出木下家の墓がある。

また一行は「吉野」・「岡寺」・「奈良」・「長谷《はせ》」を経て、五月二十八日には「二見」（伊勢市二見町）で宿泊。翌二十九日は、万金丹三袋を九十文で購入し、「七百三十六文、芝居割合」とある。朝熊《あさま》山で万金丹を購入し、伊勢古市で芝居を楽しんでいる。「六月朔日、伊勢」とあり、「三十二文、髪結ちん」とあるから、伊勢神宮に参詣する前に、髪を整え綺麗にしている。しかしここでは諸入帳と題するだけあって、それぞれの諸経費が細かく記されているのみで、どこをどう参拝、見て回ったのか何もない。伊勢御師、大夫宅での記事も何もないので、一般の旅籠に泊ったのであろうか。

伊勢参宮後は、「松坂」・「津」・「関」（三重県鈴鹿郡関町）を経て、六月六日京の西六条に着いている。この頃になると、わらじ代の記入はなくなり（記入がわずらわしくなったものか）、「ひかり」がたびたび登場する。

京の名所・旧跡を処々見物したようであるが、同十九日には京を出立し、伏見へ。二十五日晩には大阪を船で出立し、途中二十八日には金刀比羅宮へ参詣。

七月六日には、「鶴崎」（大分県大分市）の住吉丸次郎右衛門の船に乗って、別府へ着岸。「銀六匁五分、同行運賃、銀八匁。十日分飯料」を支払った。

前書『近世末及び明治初期における金武の人々の伊勢参宮記』の「概要」によると、参宮一行の年齢や男女別の人数は不明といい、また伊勢講中の代表者かどうかも分からないという。しかし女性が参加していることは確かで、これは参宮後地元の氏神へ奉納された絵馬の中に、その名前がみえるという（五十八頁）。

福岡県では、かって歴史資料調査報告書として『福岡県の絵馬』（第一―四集）を刊行した。福岡県博物館協議会と福岡県立美術館の編集・発行である。その内の第四集は福岡市内編で、西区金武の「五十猛神社」（妙見宮）の絵馬が調査されている。

同書によると、その内の一つに、次の「参宮絵馬」がある。その銘は、「安政三丙年辰八月吉辰、奉献、牛尾正作・牛尾卯右衛門・鍋山伊三郎・牛尾文七・牛尾利三郎・鍋山□・同兵七母」とある。

また一行が一日に歩いた距離は、平均して七―八里（二十八―三十二キロ）くらいである。最長歩行距離は、天保六年（一八三五）の牛尾長七組の場合は、奈良から伊勢路に入るあたりで、十四里（五十六キロ）歩いている。嘉永五年（一八五二）の「若狭兵市組」の場合は、伊勢路から鈴鹿峠を越えて草津までの十三里を踏破している。

朝の出立は、普通七ッ時（午前四時）ないし六ッ（午前六時）である。早朝出立し、夕方は早めに旅籠に落ちつくのが、鉄則である。

▲伊勢参宮絵馬。五猛神社《いたけるじんや》（福岡市西区金武）に安政３年（1856）に奉納された伊勢参宮絵馬［縦：88.5センチ × 横：143.5センチ］

五十鈴川と宇治橋（伊勢参宮絵馬▶［部分］）。散銭する道者とそれを見事に網で受け取る大人と子ども

## 絵馬解説

上部の神社（の屋根）は、伊勢の内宮・外宮であろう。その間の三味線《しゃみせん》弾きは、伊勢音頭を奏でる古市「間の山」の様子。その下は、古市の芝居。右下の船二艘は、宮川を渡る一行（船賃不用）で、中央下には「萬金丹」（朝熊山）の看板が見える。

左上は富士山と太陽が昇り、その下には二見浦（夫婦岩）が描かれている。そして左下には、五十鈴川にかかる宇治橋とそれを渡る多くの参詣者達。川では子どもと大人がそれぞれ網を持って、参詣者達が投げる小銭を受けている。

江戸期の参宮風景の一端をよく表現している貴重な絵馬といえる。

## 江戸後期の物価

| | | | |
|---|---|---|---|
| 浮世絵 | 32文 | 蜆《しじみ》 1升 | 10文 |
| 見世物 | 24文 | このしろ | 2～3文 |
| 歌舞伎(桟敷) | 3500文 | ゆで卵 | 16～20文 |
| 風呂屋 | 8文 | 蕎麦・うどん | 16文 |
| 駕籠(日本橋～吉原) | 200文 | 大福餅 | 4文 |
| 飛脚(書状1通) | 30文 | 蒸羊羹《むしようかん》 | 60～70文 |
| 旅籠(中級) | 200文 | 串団子 | 4文 |
| 木綿1反 | 600文 | ところてん | 60～70文 |
| 草鞋 | 16文 | 甘酒(1椀) | 8文 |
| 番傘 | 200文 | 冷や水(1椀) | 4文 |
| 蛇の目傘 | 500～800文 | 菜種油(1合) | 40文 |
| 西瓜 | 40文 | 居酒屋(酒1合) | 20～32文 |
| 沢庵《たくあん》・大根 | 15文 | 煙草(14g) | 8文 |
| 鮨(握り寿司) | 8文 | 百目蝋燭《ひやくめろうそく》 | 200文 |
| 鮪《まぐろ》 | 200文 | 歯磨き粉(1カ月分) | 6～8文 |
| 鰻飯 | 100～200文 | 髪結い | 28文 |
| 豆腐1／4丁 | 14～15文 | 草双紙 | 20文 |
| 納豆 | 4文 | 吉原揚げ代(太夫) | 1両2分 |

### 4文＝100円がひとつの目安

幕末のインフレ気を除いて江戸時代は、物価の上昇はきわめてゆるやかであった。また、銭96文で100文として扱う習慣があったため、物の値段は4文＝100円と見るのがわかりやすいかもしれない。(『一目でわかる江戸時代』小学館)

## 金・銀・銭三貨の比率

様々な金貨が使われた。金貨は四進法の体系である。銀貨は重さで価値の決まる秤量《ひょうりょう》貨幣《かへい》で匁《もんめ》・分《ぶ》・厘《りん》といった十進法が用いられた。後に五匁銀や二朱銀のような計数貨幣も出されるようになり、補助貨幣的な側面も持つようになる。

そのほかに真鍮や鉄の四文銭、十文に通用した宝永通宝、百文の天保通宝などもあった。

(『一目でわかる江戸時代』小学館)

| 銭(銅貨) | 銀貨 | 金貨 |
|---|---|---|
| 銭緡《ぜにさし》(九六《くろく》銭) = 40〜65束 | 丁銀・豆板銀 (秤量貨幣) 60匁(約225g) | = 一両小判 1枚 |
| 1文銭 4000〜6500枚 (4貫分〜6貫500文) | ‖ | ‖ |
| | 一分銀 4枚 | = 一分金 4枚 |
| | ‖ | ‖ |
| | 5匁銀 12枚 | = 二分金 2枚 |
| | ‖ | ‖ |
| | 二朱銀 8枚 | = 二朱金 8枚 |
| | ‖ | ‖ |
| | 一朱銀 16枚 | = 一朱金 16枚 |

## 時刻と方位

時刻では、子の刻と午の刻を「九つ」とし、一刻ごとに「八つ」「七つ」と減っていく数え方が広く使われた。時の鐘の数に基づく呼称で、「おやつ」の語源もこれである。また「丑三《うしみ》つ時」は、丑の刻を更に四つに分けた時の三番目の時間帯のことである。江戸時代には昼と夜をそれぞれ六等分した「不定時法」が使われた。同じ一刻でも、夏の昼や冬の夜の一刻は長い。

(『一目でわかる江戸時代』小学館)

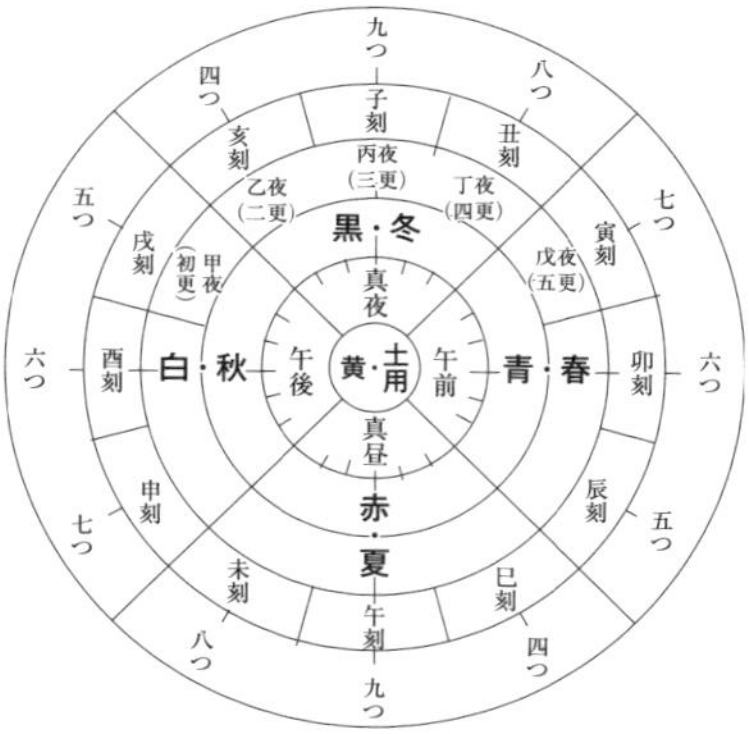

## 参考文献

三浦梅園著「東遊草」、梅園会編纂『梅園全集　上巻』一〇一三―一〇五六頁、弘道館、一九一二年
高倉芳男著『諸家日記二』（日田郷土史料第十五回配本）日田市教育委員会、一九七三年
八女市郷土史研究会『伊勢参宮道中記』、八女市郷土史研究会、一九七五年
前山博著『伊勢参宮并西国卅三所順禮道中記　第二輯』（伊万里地方史研究史料第二輯）三光、一九九五年
朝倉町教育委員会編『伊勢参宮道中記』（朝倉町町史資料集第四集）朝倉町教育委員会、一九七二年
白濱信之著『わたしの佐賀学』私家版、一九九七年
『史料館研究紀要』第十八号、大分先哲史料館、二〇一四年一月
『西国巡礼道中日記』（高千穂町古文書講座）高千穂町教育委員会
日本随筆大成刊行会編『日本山海名所図会』日本随筆大成刊行会、一九二九年
日本史広辞典編集委員会編『日本史広辞典』山川出版、一九九七年
皇學館大学史料編纂所編『神宮御師資料』一―七、皇學館大学出版部、一九八二―一九九八年
大西源一著『参宮の今昔』神宮司庁教導部、一九五六年
大西源一著『大神宮史要』平凡社、一九六〇年
井上頼寿著『伊勢信仰と民俗』神宮司庁教導部、一九九五年
宮本常一編纂『伊勢参宮』（旅と民俗の歴史五）八坂書房、一九八七年
藤本利治著『歴史時代の集落と交通路――三重県について』地人書房、一九八九年
金森敦子著『伊勢詣と江戸の旅――道中日記にみる旅の値段』文藝春秋、二〇〇四年
神埼宣武著『江戸の旅文化』岩波書店、二〇〇四年
清水潔監修『別冊太陽伊勢神宮――悠久の歴史と祭り』二〇一三年、平凡社
山本殖生編『別冊太陽熊野異界への旅』、二〇〇二年八月、平凡社
平凡社編『別冊太陽京都古地図散歩』平凡社、一九九四年

御師廃絶一三〇年記念シンポジウム編『伊勢の町と御師——伊勢参宮を支えた力』御師廃絶一三〇年記念シンポジウム実行委員会、二〇〇三年

岡田芳幸著『御師と伊勢講——伊勢参宮の様相』皇學館大学神道博物館、二〇〇二年

新城常三著『新稿　社寺参詣の社会経済史的研究』塙書房、一九六四年

田口正治著『三浦梅園』吉川弘文館、一九八九年

狭間久著『三浦晋　梅園の世界』大分合同新聞社、一九九一年

山田慶児著『黒い言葉の空間——三浦梅園の自然哲学』中央公論社、一九八八年

『三浦梅園・研究』第八号（一九九一年）、第二十号（二〇〇三年）、三浦梅園研究会

高橋誠一郎編『梅園先生百五十年祭記念講演集』梅園先生百五十年祭執行委員会、一九四四年

徳川公継宗七十年祝賀記念会編『近世日本の儒学——徳川公継宗七十年祝賀記念会』岩波書店、一九三九年

高田眞治『支那思想と現代』大日本図書、一九四〇年

帆足正編『伊勢参宮道中記——幕末・明治初期の帆足　家三代の旅行記録』一九七九年（私家版）

松平乗昌編『図説伊勢神宮』河出書房新社

『みもすそ　伊勢神宮崇敬会だより』第十九号、二〇〇一年夏、伊勢神宮崇敬会

『瑞垣』第一〇九号（一九七六年八月）、第一一二号（一九七七年七月）、第一八七号（二〇〇〇年十月）、第一九三号（二〇〇二年）、神宮司庁

『大分県史料』第十七巻　第四部各藩史料、豊前・豊後各法令集、大分県史料刊行会、一九六三年

加藤秀俊ほか編纂『人づくり風土記二十六　京都』農山漁村文化協会、一九八八年

『日本庶民生活史料集成』第二巻、一九六九年四月、三一書房

みわ明編『県別全国古街道事典　西日本編』東京堂出版、二〇〇三年

竹内誠監修・竹内寛明編『一目でわかる江戸時代』小学館、二〇〇四年

旅の文化研究所編『絵図にみる伊勢参り』河出書房新社、二〇〇二年十月

『悠久』第五十三号（一九九三年五月）、第九十二号

（二〇〇一年一月）、第一三五号（二〇一四年五月）、おうふう
小山靖典著『世界遺産吉野・高野・熊野をゆく――霊場と参詣の旅』朝日新聞社、二〇〇四年
山と渓谷社著『関西周辺街道・古道を歩く――歩いてみたい古い道、懐かしい二十四コース』山と渓谷社、一九九九年
宗政五十緒編『上方風俗大阪の名所図会を読む』東京堂出版、二〇〇〇年
久田松和則著『伊勢御師と旦那――伊勢信仰の開拓者たち』弘文堂、二〇〇四年
福山祐著『佐賀弁小事典』佐賀新聞社、一九九一年
『みやざき民俗』第五十二号（一九九八年十二月）、第六十一号（二〇〇九年二月）、宮崎県民俗学会
『宮崎県史研究』第一三号（一九九九年三月）、宮崎県
『大分県地方史』第二一九号（二〇一三年十二月）、第二二〇号（二〇一四年一月）大分県地方史研究会
『日本歴史地名体系』第二十四巻三重県の地名、第三十一巻和歌山の地名、平凡社、一九八三年
『角川日本地名大辞典』四十福岡県、四十一佐賀県、四十四大分県、四十五宮崎県、角川書店
九州電力事業開発部地域振興室編・九州通商産業局監修『九州の伝統的工芸品』九州電力事業開発部地域振興室、一九九五年
『長崎道中記』（座間市資料叢書二）座間市立図書館、一九八八年
和歌山県高等学校社会科研究協会編『和歌山県の歴史散歩』山川出版社、二〇〇九年
近藤典二著『筑前の街道』西日本新聞社、一九八五年四月
西垣晴次著『お伊勢まいり』岩波書店、一九八三年
賀来飛霞・澤武人著『高千穂採薬記――高千穂採薬記 の周辺』鉱脈社、一九九七年
（図録）『伊万里の陶器商人』伊万里市歴史民俗史料館、一九九六年
松岡史著・松浦党研究連合会編『肥前の板碑』佐賀県編、一九九八年
『烏ン枕』第三十六号（一九八三年）－第四十二号（一九八六年三月－一九八九年三月）、伊万里市郷土研究会

笹間良彦編著『資料・日本歴史図録』柏書房、一九九二年
板詰秀一編『板碑の総合研究』一、二、総論、柏書房、一九三六年
赤井達郎等編『江戸時代図誌』第一巻京都一（一九九七年）、第二巻京都二（一九七六年）、第三巻大阪（一九七六年）、第十八巻畿内二（一九七七年）、筑摩書房
『伊勢市史』第六巻考古編（二〇一一年）、第七巻文化財編（二〇〇七年）伊勢市
『日之影町史九』資料編四民俗、日之影町、二〇〇〇年
『高千穂町史』高千穂町、一九七三年
竹内誠監修『図説江戸五　江戸庶民の娯楽』学習研究社、二〇〇三年
『別冊歴史読本図説東海道歴史散歩――宿駅制四〇〇年記念保存版』新人物往来社、二〇〇一年
『日本国史学』第三号（二〇一三年九月）、日本国史学会
大賀舜之助編『近世末及び明治初期における金武の人々の伊勢参宮記』海鳥社、二〇〇三年
福岡県博物館協議会・福岡県立美術館編『福岡県の絵馬』第四集、福岡県博物館協議会、二〇〇〇年

# あとがき

奈良時代の養老二年（七一八）に創建された「宝八幡宮」の、創祀以来の社家の長男に生まれ、筆者で三十七代目である。家職を嗣がんと、伊勢神宮の御脚元皇学館大学に入学した。四年生の昭和四十八年が、第六十回伊勢神宮式年遷宮であった。お白石持ちの木鑓《や》り、ご遷宮の松明係など、貴重な経験をさせていただいた。

産土の神社ではご奉祝の特別参宮団を組織し、バスを連ねて氏子達が参宮するのをお迎えしたことを、昨日のように覚えている。今回の第六十二回では、本年三月同様に筆者の引率のもとバス三台でご参拝し、大御神と氏神様、並びに氏子一同の更なる「常若」・ご繁栄を、御祈念させていただいた。

ところで、伊勢参宮は江戸時代に、「誠に一生に一度と申程の宿願にて」（豊後日出藩の布令）ともいわれ、日本中の国民《くにたみ》が一生のうちにせめて一回は参宮したいものと切望していた。それは、はたしてどんな状況下での参宮であったのか。考えさせられる機会を与えてくれたのは、『大分県地方史』第二一九・二二〇号に「三浦梅園の「東遊草」（上・下）」（平成二十五年十二月・二十六年一月）を執筆したことからである。

この小論をきっかけに、大分・福岡・佐賀・宮崎各県を調査してみると、北部九州から参宮した参宮道中記が点々とあることが判明した。それらは、参宮者により記述に個性があり、何に関心があるのかで、書き様に違いがあり面白い。それらは、文章のみで挿画（現在のような写真やビデオ）がないので、当時の名所図会を多用し解説をつけて、旅の様子をできるだけ再現してみた。

田舎暮らしで、時間と金銭に制約のある当時の庶民にとっては、信仰や湯治の長旅は往来手形の申請もあり、そう何度もできるものではない。遠く九州から京や大阪など大都会への長旅は、さぞ目を見張るものがあったと想像される。見るもの聞くもの全てが新鮮で、伊勢参宮や高野山参り、本願寺（本山）参りも一生に一度の宿願で、日頃の苦労を忘れる物見遊山の開放的な旅でもあったことであろう。

伊勢参りを口実に、必ず京・大坂・奈良などの名所・旧跡を巡り、芝居なども楽しんでいる。だからこそ、近世年間五十万人近くの人々が、全国から伊勢へ伊勢へと参宮したのである。

彼らが参宮で得たもの、感じたものは何だったのか知る由もないが、旅で得た多くの見聞は有形無形に、それぞれの郷里で語り伝えられたものと思われる。

今回の第六十二回御遷宮では、年間一四〇〇万人を越える人々の参宮があったという。短期間で伊勢と現地をバス・フェリーなどで往復する「弾丸ツアー」も盛行し、伊勢のパワーをいただく若人も多いようだ。江戸期と現在とでは、全てに亘り隔世の感もあるが、伊勢の魅力は時代・世代を隔て今も変わらない。日本人の心の故郷であり続けている。本書を通じて当時の様子を垣間見て、何かを感じていただければ幸である。

最後になり恐縮だが、拙著に対し推薦文をお寄せいただいた太宰府天満宮宮司（神社本庁理事・福岡県神社庁長）西高辻信良氏、皇学館大学特別教授桜井治男氏には、深甚なる感謝を申し上げます。また出版をご承諾戴いた海鳥社西俊明氏、及び編集を担当下さった原野義行氏並びに、玖珠町久留島記念館館長小関典男氏には、種々ご協力・ご尽力戴き、合わせて厚く御礼を申し上げます。

**甲斐素純**（かい・もとずみ）
1952年，大分県生まれ。皇學館大学文学部国史学科卒業。現在，宝八幡宮宮司，行政相談委員，玖珠郡史談会事務局長。
編著：『大分県の不思議事典』（新人物往来社），『大分県謎解き散歩』（中経出版）ほか
共著：『日本歴史地名体系 ― 大分県の地名』（平凡社），『黒田官兵衛のすべて』（中経出版），『時空を超えて ― 森藩誕生四〇〇年』（西日本新聞社），『九重町誌』（九重町），『玖珠町史』（玖珠町），『由布岳』（海鳥社）ほか

伊勢《いせ》参宮《さんぐう》日記《につき》を読《よ》む　北部《ほくぶ》九州《きゅうしゅう》編《へん》

■

2015年2月25日　第1刷発行

■

著　者　甲斐素純
発行者　西　俊明
発行所　有限会社海鳥社
〒812-0023　福岡市博多区奈良屋町13番4号
電話092（272）0120　FAX092（272）0121
http://www.kaichosha-f.co.jp
印刷・製本　大村印刷株式会社
［定価は表紙カバーに表示］
ISBN978-4-87415-934-7